ロザリオ

信仰の花束

ジョマル・ヴィグネロン［著］

レミ・オード［訳］

教友社

Jomar Vigneron,
O Rosário, Uma Bíblia Do Povo

はじめに

キリスト教の聖画像は、聖書が言葉によって伝えるよいおとずれを目に見えるものによって表します。画像と言葉とは相互に説明し合うのです。

（『カトリック教会のカテキズム』1160）

「聖画像の美と色彩とはわたしを祈りに誘います。田園の景色がわたしの心を神への賛美に駆り立てますが、聖画像を眺めることもわたしの目を楽しませます」

（ダマスコの聖ヨハネ）

1995年と1996年の、毎週土曜日の夕方に、いくつかの家族がやっていたロザリオの祈りの集いにわたしも誘われました。毎週、八家族の内の一つはアパレシーダの聖母の画像を自分の家に迎えてその集いが開かれました。その時目にしたそのロザリオの祈りの熱心さにわたしは感激しました。この集いの始まりに回心の典礼が行われ、その次に御言葉の典礼（その日のミサの朗読）が続き、最後は平和の典礼（平和のあいさつ）で終わりました。ロザリオは回心の典礼と御言葉の典礼を挟んで唱えられていました。各一連の前に短い導入の言葉があり、集いは簡単だけれど親密な交流で終わりました。

何カ月か経ってから、わたしは今度はロザリオの神秘を描いているイコンや、画像の前で祈ることを勧めました。その時、わたしたちは神秘を一つだけあげて、五連を唱えることにしました。神秘を選ぶには、典礼の時期によって選ぶことにしました。参加者の多くの人にとって、それは、自分のキリスト教の信仰を深めるためにすばらしい体験でした。語らずに、この人たちは、神の御言葉を深く吸収するために古くから教会の中で実践したある種のレクシオ・ディヴィナを体験していました。

中世に造られたステンドグラスは字が読めない人の聖書だと言われています。現在、イコンや、キリスト教的な画像は、真理を求めている人には近づきやすい語りかけです。イコンや画像の美の前に観想し、祈りながら、御国の待合室にいるかのようです。「いのちは不滅のものとなるには、色々なところで美の開花を増やさなければなりません」（モリス・ズンデル）。

目次

苦しみの神秘

栄光の神秘

喜びの第一の神秘

お告げ

典礼　3月25日

ルカ1・26－38

お告げ　フラ・アンジェリコの絵　1433−1434 年頃　160 × 180　コルトナ、イタリア

天使ガブリエルがマリアにイエスの誕生を告げる

教会が信仰宣言の中で言及するほど、お告げは大事な出来事です。「聖霊によって、おとめマリアによりからだを受け、人となられました」。

聖書のなかで、他にもお告げがあります。

・三人の天使がアブラハムにイサクの誕生を予告します（創世記18・9－10）。
・一人の天使がギデオンにその任務を教えます（士師記6・11－25）。
・ガブリエルがザカリアに洗礼者ヨハネの誕生を予告します（ルカ1・5－25）。
・主の天使がヨセフにイエスの誕生を予告します（マタイ1・18－25）。

3月25日から12月25日まで妊娠の九カ月間があります。

4世紀からカタコンベでお告げの最初の絵が現れます（プリスキラのカタコンベ、ペトロとマルセリノのカタコンベ）。西欧では、14、15、16世紀にたくさんのお告げの絵が描かれています。東方では二つの表し方があります。天使が井戸のそばにいる処女を訪れる場面と、天使が糸巻棒を手にする処女を訪れる場面です。

東方の教会で、聖所にある祭壇と教会の残りのスペースを仕切る壁、イコノスタシスの中央の門には必ずお告げの場面が描かれています。まことにお告げはわたしたちの救いの入り口です。

神は天使ガブリエルを遣わす（ルカ1・26–27を聞く）

天使ガブリエル（神は力強いという意味）が聖書の中で登場するのはダニエル書だけです。ダニエルが世の終わりについて見たことを明かすために登場します（ダニエル8・16、9・21）。イスラエルの民が苦悩の中にある時に、ガブリエルは慰めの言葉を持って来て「油注がれた君の到来」を告げ知らせます（ダニエル9・25）。お告げの日にガブリエルは神に遣わされています。聖書では、天使の出現は神御自身の現れだと言えます。マリアという名前は「神に愛される」、また、「王女」を意味して、マリアの時代に広く使われていました。モーセとアロンの妹もその名前をもっていました（民数記26・59）。

天使は絵の中でピンクと金色の服を着ています。金色は、彼が光の世界に属することを示します。ピンクは時間と場所を超える（超越する）この場面の霊性を暗示します。

服のひだから、天使ガブリエルが急いで飛んできたことがわかります。翼の傾きからもわかります。

左手で天使は神から遣わされていることを示します。彼はイザヤの預言を成就するために来ています（イザヤ7・14）。この預言を間仕切壁にある小さな丸い飾りに読むことができます。

処女の方に右の手を伸べるガブリエルは、手を胸にあてて深い瞑想をするマリアを指し示します。

朗読

「天使ガブリエルは、ナザレというガリラヤの町に神から遣わされた。ダビデ家のヨセフという人のいいなずけであるおとめのところに遣わされたのである」（ルカ1・26−27）。真実を語ることを証明するために、福音書記者は出来事の詳細、場所、時間と人を明確にします。彼は言います。「天使は人のいいなずけであるおとめのところに遣わされた」。神は処女に天使を遣わします。恵みを知らせる者は、それを保証します。恵みを渡し、信仰に委ね、美徳の賜物を与え、乙女の承諾を持って帰ります。御使いがすばやく処女のもとに来るのは、神の花嫁を人間的な結婚から遠ざけ、距離を置かせるためです。おとめをヨセフから離すためではなく、母の胎にいる時から選ばれたマリアをキリストに与えるためです。キリストは御自分の花嫁として人間を受け入れる時、その人を他の人から奪うことはなく、造られた者を御自分と一致させる時に、分離を起こすこともありません。

（聖ペトロ・クリソロゴ（†451）、司教「説教」140）

祈り

これは喜びの前兆、
これは大天使ガブリエルの登場、
これはわたしたちの救いの良い知らせです。

一連を唱えます。

天使の挨拶（ルカ1・28–29を聞く）

マリアは、赤と青の衣を着て、座っています。その膝の上に聖書が開かれています。マリアの顔と天使の顔が同じ高さにあるのは、遣わされた者とそのお告げを受ける者との調和を示しています。

挨拶の中で、天使はマリアを「恵みに満ちた方」と呼びます。それは、「選ばれた」という意味です。天使からマリアへのこの珍しい呼び方はきっとわたしたちを驚かせるでしょう。それは、マリアの新しい名前のように響きます。神から与えられる名前です。選ばれた民の象徴である「雅歌」の中の愛するものの名前です。

「アヴェ、マリア」とは言葉を換えれば、「マリアよ、喜びなさい」という意味です。この挨拶は預言者ゼファニヤと預言者ザカリヤの挨拶と響き合います。

「娘シオンよ、喜び叫べ。イスラエルよ、歓呼の声をあげよ」（ゼファニヤ3・14）。

「娘シオンよ、大いに踊れ。娘エルサレムよ、歓呼の声をあげよ」（ゼカリヤ9・9）。

喜ぶのは、なぜでしょうか。主があなたと共にいるからです。

モーセやギデオンやエレミヤが呼ばれた時にも、同じような喜ばしい挨拶の言葉がかけられました。

朗読

聖なる乙女マリアが受けた恵みは偉大。そのため、ガブリエルはこう挨拶しました。

「アヴェ、マリア、恵みに満ちた方」（ルカ1・28）、あなたは輝いている天。

「アヴェ、マリア、恵みに満ちた方」、筆舌に尽くせない美徳で光る乙女よ。

「アヴェ、マリア、恵みに満ちた方」、天のパンを納める金の器よ。

「アヴェ、マリア、恵みに満ちた方」、いのちの泉の甘みで渇き求める人の渇きをいやします。

「アヴェ」、純潔な乙女よ、あなたはあなたの前に存在する方を生みました。

「アヴェ」、あなたは天と地の王を王の真紅にまとわせました。

「アヴェ」、御父の御言葉をわたしたちに読ませる不可解な巻物。


（聖エピファニオ（†403）、司教「説教」5）

祈り

神に選ばれた方よ、喜べ、
主はあなたと共に、
あなたはアブラハムが天使たちをもてなしたその天幕のようです。

一連を唱えます。

メッセージの内容——いと高き方の御子（ルカ1・30–33を聞く）

もう一度絵に目を向けましょう。

上の部分の左側、その暗い部分にアダムとエバが楽園から出る場面が描かれています（創世記3・23–24）。楽園の中央にあるナツメヤシの木はいのちの木を表しています。ナツメヤシは光に包まれ、果物と花で囲まれています。木は、罪を犯したエバと無垢なマリアの間に立っています。

天使は言葉を続けます。生まれる子がどこから来られるのか、そして、人々への使命を述べます。生まれる子はダビデ王の子孫で、約束された聖なる方と。

朗読

終生乙女マリアは聖霊の影を受け、いと高き方の力に包まれる、そしてマリアから生まれる聖なる方は神の子と呼ばなければなりません。そうすると、聖霊といと高き方の力とマリアから生まれる聖なる方を挙げて聖三位一体をはっきり示します。また天使は神の唯一の本性と神の内にただ一つの意志があることを明白にします。御父と聖霊にはからだがありませんが、御子の受肉は御父の御心のままに定められ、聖霊の働きで行われました。

（ダマスコの聖ヨハネ（†754）、司祭「説教、お告げ」）

また、
まことに「マリア、恐れることはない。あなたは神から恵みをいただいた」（ルカ1・30）、見事な恵み、それ以上ない恵みです。あなたの前に、他の人は、大勢、聖なる者として輝きましたが、あなたのように恵みに満ちている者はいませんでした。

今まであなたのように、そのような大きな至福を受けた人はいませんでした。

今まであなたのように、聖性で飾られる人はいませんでした。

今まであなたのように、そのような栄光に上がった人はいませんでした。

今まであなたのように、初めの時から清めの恵みによって、準備された人はいませんでした。

今まであなたのように、天の光によって照らされた人はいませんでした。

今まであなたのように、そのように高いところに上げられた人はいませんでした。

なぜなら、今まであなたのように神に近いところまで届いた人はいませんでしたから。

（エルサレムの聖ソフロニオ（†６３８）、司教「説教」）

祈り
主はあなたの祖先ダビデに
あなたの胎から生まれる子を王座に就かせることを告げました。
主こそ、あなたを聖霊の住まいとして選んだ方です。

一連を唱えます。

メッセージの内容──神の御子（ルカ1・34－37を聞く）

マリアは自分の事情を述べます。

処女または未婚であるのに、どうして、母に成り得るでしょうか。「わたしは男の人を知りませんのに」。マリアの問いはキリストの処女受胎をほのめかします。

天使ガブリエル（そしてマリア）の口からフラ・アンジェリコによって金で描かれたラテン語の言葉を読むことができます。この言葉は、お告げの神秘の最も重要な点です。

「聖霊はあなたに降り、
いと高き方の力があなたを包む」

お告げの最初の部分で、イエスはいと高き方の子と紹介されているのに対して、最後の部分では、神の子と紹介されています。天使が知らせることは、すばらしいことです。

地上ではイエスはダビデの子孫ですが、同時に神の子です。

「聖霊があなたに降り、いと高き方の力があなたを包む」という天使の答えに、絵の上の部分のマリアの上の鳩の形は聖霊と対応します。天使のその言葉は、モーセの時代に幕屋の上にとどまっていた雲を思わせます。マリアは神の住まいになり、新しい幕屋です（民数記9・18、22）。

終わりに、天使は年老いたエリサベトの妊娠を告げます。まことに、神にできないことは何一つありません。

朗読

聖母マリアは他の預言者のように御言葉から特有の恵みを受けませんでしたが、聖霊が降りると神の御言葉そのものを身に受け、特異な形で預言者になりました。完全に聖霊に満たされて、マリアは神の御言葉を受けました。胎にそれを宿す前に、心にそれを宿しました。感激すべきこの出来事を考察して、遣わされた天使は今まで誰も聞いたことがない挨拶から始めます。「おめでとう、恵まれた方。主があなたと共におられる。……あなたは女の中で祝福された方です」(ルカ1・28、42)。恵みの大きさを表現するには、天使は「聖霊があなたに降り」と言いとどめないで、こう付け加えました、「いと高き方の力があなたを包む」。彼が言いたいのは、いと高き方の力は、驚くべき、そして説明できないほどのやり方で、マリアが受胎の偉大さを耐えるためにマリアを覆って包むということです。いと高き方の力というのは、聖霊御自身、愛の霊はマリアを覆って包むのです。

(ドゥーツのルパート(†1130)、修道院院長「聖霊の業講解」)

祈り

マリアの胎は御子が宿り、
聖霊はマリアを包み、
御父の目にマリアは良しとされました。

一連を唱えます。

マリアの答え（ルカ1・38を聞く）

マリアの口から出るその答えは、横書き、逆の方向に書かれています。

「にうよすまりなに身のこ、りおど葉言お。すでめたしはの主はしたわ」。

「わたしは主のはしためです。お言葉どおり、この身に成りますように」。

マリアの答えには喜びの調子が感じられます。「喜びなさい」という天使の挨拶と調和しています。

天使が訪れている間、マリアは家の中に座っています。頭の姿勢と、手が胸に当てられていることは、マリアが神の御旨を行いたいという気持ちを表しています。わたしは主のはしためです。光に満ちる家の中は、人間の歴史が決定的な時にあることを示します。マリアの服は赤と青です。赤は血の色で、今宿っているイエスのからだに、いのちであるマリアの血が流れていることを示します。青は、マリアの内にある神のいのちの神秘を象徴します。青はまた、透明さで、マリアは汚れなき方であることを表します。

朗読

「聖霊があなたに降り、いと高き方の力があなたを包む。だから、生まれる子は聖なる者、神の子と呼ばれる」（ルカ1・35）。今聞いたその言葉は、わたしたちの前にマリアも聞いて、信じて、聞いたことを味わう幸福に値しました。信じるに至る素早さのおかげで、心と同時に口を開き言いました。「わたしは主のはしためです。お言葉どおり、この身に成りますように」（ルカ1・38）。そうしたらすぐ、天使の言葉通り開かれた信仰の門から入って、聖霊はマリアに降りました。どこに入ったでしょうか。まず、預言するように、マリアの清らかな心に。そして母になるように、マリアの胎に。

（ドゥーツのルパート（†1130）、修道院院長「聖霊の業講解」）

または、

「わたしは主のはしためです。お言葉どおり、この身に成りますように」（ルカ1・38）。兄弟たち、神の御言葉を宿した乙女の従順を感嘆しなさい。乙女を通してわたしたちのもとに来られる主の謙遜を感嘆しなさい。マリアという名の乙女のところに天使を遣わした神である御父の愛に、そして人類に与えられる光栄に感嘆しなさい。処女のままにとどまって、創られたものすべての主を宿す、定められた時に生むにふさわしいと値されたマリアは正しく神の母と呼ばれています。なぜなら、生んだ子の御父は神だからです。

（クリュニーの聖オディロン（†1049）、修道院院長「説教、受肉」）

祈り
マリアの意志と信仰は必要でした。
マリアの承諾は必要でした。
わたしたちの救い主の住まい、わたしたちの喜び、マリアよ、喜べ。

一連を唱えます。

喜びの第二の神秘

マリア、エリサベトを訪問する

祝日　5月31日

ルカ1・39－56

この祝日が全世界に広がったのは、１４０４年です。当時、二人の教皇がいて、教会は分裂状態にあったので、教皇ボニファティウス九世は、一致の実現のために天の助けを求めて、この祝いを定めました。

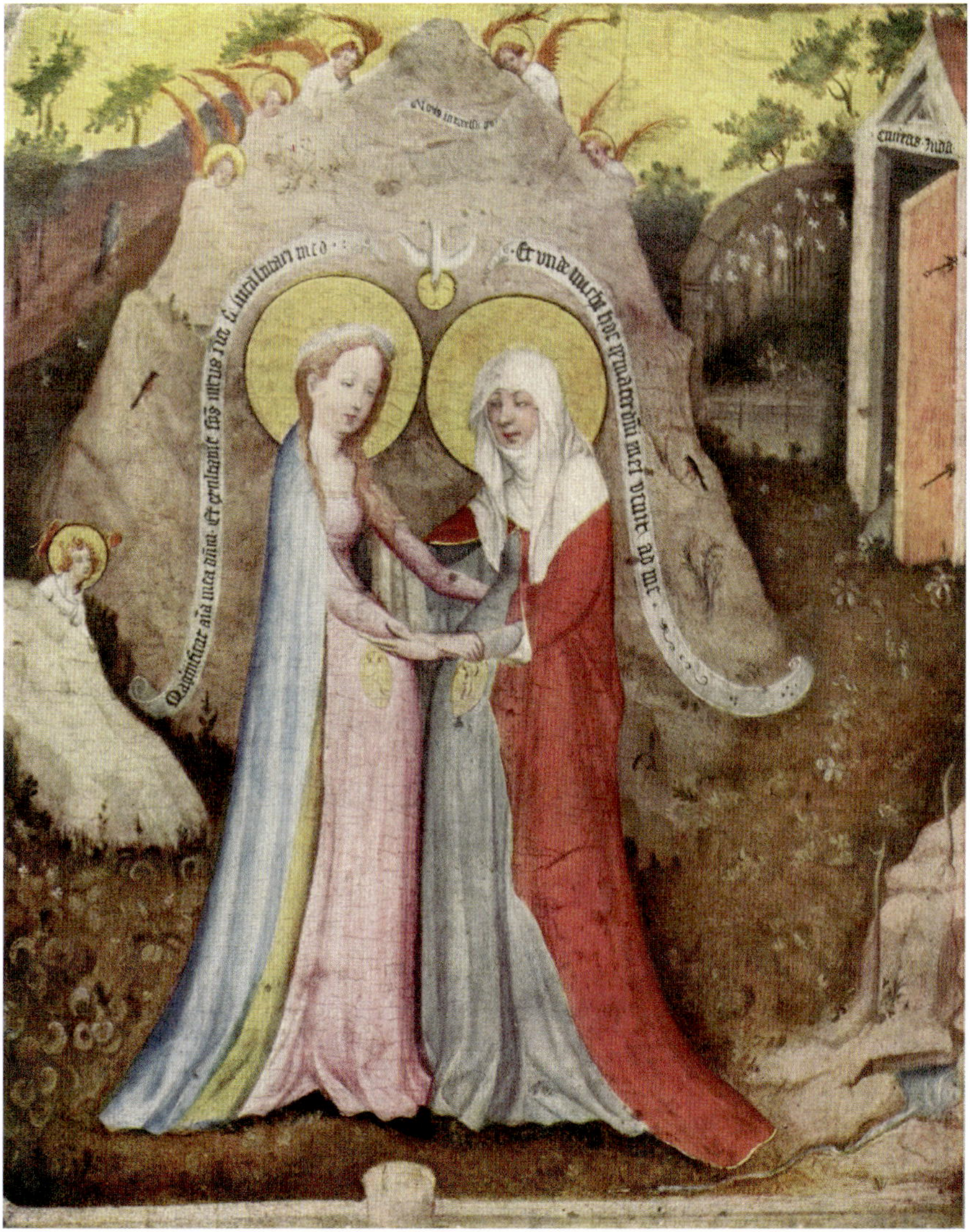

マリアの訪問　マイスター・マインザーの絵　祭壇の飾り　1410–1420 年
ユトレヒト、オランダ

エリサベトの受胎がマリアに告げられる（ルカ1・36−37を聞く）

この出来事には、二つの出会いがあります。マリアとエリサベトの出会い、そしてイエスと洗礼者ヨハネの出会いです。

この絵では、マリアとエリサベトは北ヨーロッパの服を着ています。その時イエスはまだ胎児なのに、画家はマリアもエリサベトも妊娠していることを示すために、ふたりの腹を同じように大きく描いています。

二人の頭の間に、鳩の形で聖霊が降って、マリアの訪問がある種の主の公現であることを示します。鳩の両側、ゴシック書体のラテン語でこの出来事の福音書の二節が書かれています。

・マリアの後ろには、「わたしの魂は主をあがめ、わたしの霊は救い主である神を喜びたたえます」（ルカ1・47）。

・エリサベトの後ろには、「わたしの主のお母さまがわたしのところに来てくださるとは、どういうわけでしょう」（ルカ1・43）。

右側にある開いたドアの上に訪問の場所が書かれています。「ユダの町」（ルカ1・39）。

マリアとエリサベトの後ろの大きな岩、植物と三羽の鳥は、この出来事が人間の歴史の中で起きていることを示しています。上の方に五人の天使がいて、下の方でもう一人は出来事を味わうために近くから見ています。

朗読

ヨハネは旧約と新約の間の境のように思われます。彼が境のようであることについては、主御自身、「律法と預言者は、ヨハネの時までである」（ルカ16・16）と言われました。したがって、彼は古い時代を代表しながら、新しい時代を宣言する者です。古い時代を代表しているので、年をとった両親から生まれるのですが、新しい時代を代表しているので母の胎内にいたときから預言者であることが示されます。事実、まだ生まれる前に聖マリアの来訪に対応して、母の胎内で喜んで踊りました。生まれる前に選ばれています。イエスと顔合わせする前に、彼はイエスの先駆者であることを示します。これは人間の尺度を超えた神的な出来事です。その後に、ヨハネが生まれて名を授かり、父親の舌がほどけます。これらの出来事とその意味とをわたしたちは伝えます。

（聖アウグスティヌス（†430）、司教「説教」）

祈り

光栄ある乙女よ、聖霊の賜物をもって、ヨハネを訪れたように、地上にいるわたしたちをも訪れてください。
世がイエスを信じるように、幼子を抱いてきてください。
そうすれば、あなたの光栄の理由は、すべての人の目に明らかにされます。

一連を唱えます。

マリアは旅立つ（ルカ1・39―40を聞く）

エリサベトが身ごもっていることを知ってすぐ、マリアは出発しました。イエスの誕生の良い知らせを受けたばかりのマリアは、神の恵みの喜びを親類のエリサベトと分かち合おうとしました。

マリアにとって、ガリラヤからエリサベトとザカリヤが住んでいたユダヤ南部のユダの町までの道のりは三日、または四日かかります。

朗読

マリアが自分の内に言葉で言い表せない啓示を観想しながらも、決してそれは隣人愛を妨げたことはありませんでした。ルイスブルックが言うように、観想生活を「本当に主の栄光と永遠のものに向けている人は、現実から離れていません。天から指示を受けたら、マリアはすぐ人々の方に向いて、その悩みを見て同情し、行動に出ます。必ず人々と共に泣き、そして実を結びます。火のように照らし、火のように燃え、吸い込み、焼き尽くします。焼き尽くしたものを天に持っていきます。地上の活動を終えると、同じ火に燃え、また高い所に昇って戻ります」。

（福者三位一体のエリサベト（†１９０６）、カルメル会の修道女）

祈り

主が母として選んだ乙女は
年老いたもう一人の母親の世話するために、
山を越えて急ぎます。
わたしたちはマリアを喜んで迎えます。

一連を唱えます。

マリアとエリサベトの挨拶（ルカ1・41―45を聞く）

マリアもエリサベトも聖霊に満たされています。

二人とも胎内に大事な子を身ごもっています。

エリサベトの子は「いと高き方の預言者」（ルカ1・76）と呼ばれています。

マリアの子は「いと高き方の子」（ルカ1・32）です。

マリアとエリサベトの挨拶の場面は聖書の中でとても美しい場面です。ヨハネが胎内で喜び踊り、聖霊に満たされたエリサベトの言葉は、メシア（「わたしの主」）の到来を告げます。

朗読

わたしたちは毎日、神から与えられた敬虔さのかぎりをつくして、天使祝詞の言葉を用いて挨拶を送っていますが、この祝詞に「ご胎内の御子イエスも祝福されています」という言葉を加えています。この結びの言葉はエリサベトの言葉に由来するものです。彼女は聖母から挨拶の言葉を受けてから、天使の挨拶の最後の言葉をくり返し、それにさらに言葉を付け加えていました。「あなたは女の中で祝福された方です。胎内のお子さまも祝福されています」（ルカ1・43）。

胎内の子が祝福されるのは、種蒔かれた時も、芽を出した時も、花咲いた時も、実を結んだ時も、そして、賛美される時も、その栄光が告げ知らされる時も。キリストは、アブラハムの子孫であり、肉によればダビデの子孫から生まれました。

（カンタベリーのバルドウイノ（†1190）、司教）

祈り

羊の群れである教会は、
あなたの挨拶を聞いて、
立ち上がり、喜び踊ります。

教会はあなたと共に、
救い主キリストの到来を感じます。
貧しい人たちは彼を
導き手、羊飼いとして、待ち望みます。

一連を唱えます。

マリアの賛歌（ルカ1・46－55を聞く）

主から与えられる最もすばらしい出会いは、喜びと感謝に満ちあふれています。

エリサベトに続いて、マリアは自分の賛美の歌を歌います。この歌は旧約聖書のいくつかの賛歌の言葉を引用して構成されています。特に、サムエルの母、アンナの賛歌の主題を取り入れています。土台になる母性の主題、権力ある者と身分の低い者の対照、富める者と貧しい者の対照、状況の急転回、神の聖性をたたえる喜び、謙虚な人と辱められている人に対してのイスラエルの神のまなざし。

朗読

このために、教会では晩の祈りの間、毎日マリアの賛歌を歌うという優れた、有益な習慣が広まりました。こうして、主の受肉をたびたび思い起こし、いっそうの熱心に燃え、聖母の模範を繰り返し思い起こすことによって、信者の魂が強められるのです。一日の働きに疲れ、さまざまな思いに引きずられている魂は、憩いのときを前にして思いを集中し、心を鎮めることが必要なので、この賛歌を歌う晩の祈りは、まさにその時なのです。

（聖ベダ（†735）、司祭、教会博士）

祈り

マリアよ、勝利の歌の初めに、
あなた自身が自分を幸せな方と呼びます。
霊の息吹を受けてあなたは、
歴史を導く主である神をたたえます。

あなたと共に全世界の人々が喜び、
歓喜し、ほめ歌います。
あなたは神の娘でありながら神の母、神のはしためでありながらその花嫁、
そして人類と神の間の仲介者です。

一連を唱えます。

マリアの積極的な姿勢（ルカ1・56を聞く）

三カ月間、マリアはエリサベトの所に留まって、彼女を手伝いました。その後、自分の家に帰ります。マリアがエリサベトを訪れたのは、一緒に喜びを分かち合うと同時に「年をとっていた」（ルカ1・7）エリサベトを手伝うためでした。

朗読

マリアがエリサベトの家に来て挨拶するだけで、胎内の子は喜び踊り、そして、聖霊に満たされたエリサベトが福音書に書いてあることを預言しました。短い間にそんなすばらしい変化が見られたとしたら、マリアがエリサベトの家に滞在した三カ月の間に、ヨハネの成長ぶりを想像できるでしょう。一瞬の間、幼子が、突然、喜び踊り、エリサベトが聖霊に満たされたとしたら、三カ月の間、ヨハネとエリサベトが神の母と救い主のそばにいて成長をしなかったことは考えられないでしょう。

（オリゲネス（†254）、司祭）

祈り

聖霊に照らされて、あなたの母が、
親類のエリサベトを訪れた日をたたえて、
主よ、あなたに感謝します。
マリアがいつもわたしたちをも訪れて喜ばせてくださいますように。
国と力と栄光は代々にあなたのもの。アーメン。

一連を唱えます。

喜びの第三の神秘

わたしたちの主の降誕

典礼　12月25日　主の降誕
ルカ2・1－20、マタイ2・1－12

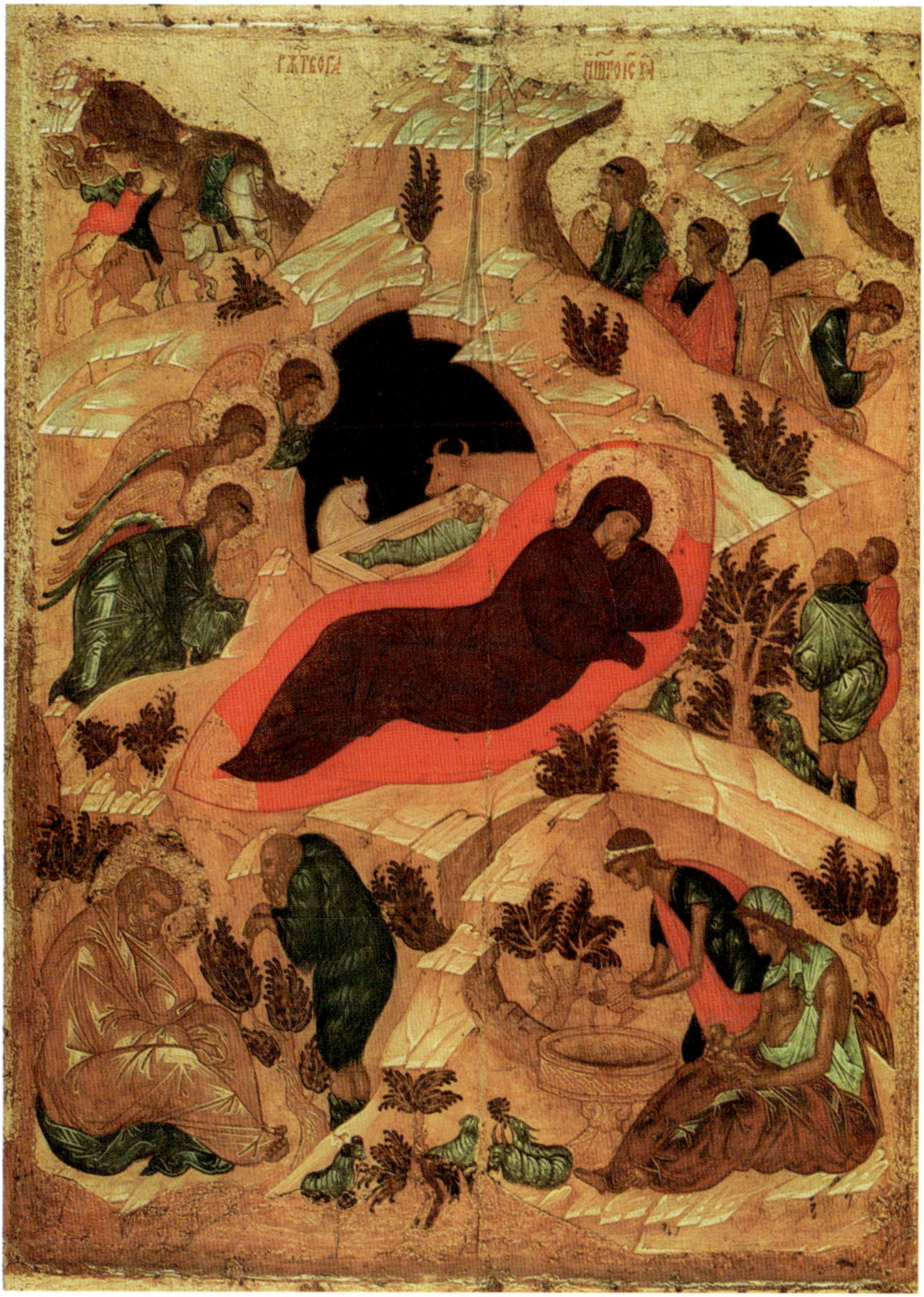

主の降誕　ルブリョフ派のイコン　1410–1430 年　モスクワ、ロシア

光、洞窟、産湯（マタイ2・9－10を聞く）

クリスマスは光の祝いです。イコンを見て、わたしたちが目にする色や形はこの世のものではありません。中央上の天から出る光は三つの光線に分かれています。それは聖三位一体を象徴します。その光線は途中でベツレヘムの星に当たっています。「どうか、天を裂いて降ってください」（イザヤ63・19）、「東方で見た星が先立って進み、ついに幼子のいる場所の上に止まった」（マタイ2・9）。

イコン中央の少し上に、三角形の洞窟が見えます。この暗いところは地獄を示しています。キリストは死が世を支配する世の中に生まれます。誕生のときから、イザヤとシメオンが予告した苦しみの僕の姿がうかがえます。「彼は軽蔑され、人々に見捨てられ、多くの痛みを負い、病を知っている。彼はわたしたちに顔を隠し、わたしたちは彼を軽蔑し、無視していた」（イザヤ53・3）。「この子は、イスラエルの多くの人を倒したり立ち上がらせたりするためにと定められ、また、反対を受けるしるしとして定められています」（ルカ2・34）。

下の右側で、助産婦は幼子のイエスに産湯をつかわし、イエスが真の人間だと示しています。同時にイエスは神の子、油注がれた方です。「エッサイの株からひとつの芽が萌えいで、その根からひとつの若枝が育ち、その上に主の霊がとどまる」（イザヤ11・1－2）。

幼子の入浴の場面は洗礼の象徴で、主の公現のヨルダン川でのイエスの洗礼を予告します（ローマ6・3－11）。

朗読

「東方で見た星が先立って進み……」（マタイ2・9）。この星が二度、博士たちに現れました。初めに東方からユダヤまで導かれたとき、彼らは星の出現によって誕生の時期を知ることができました。二度目は、ヘロデ王の宮殿から出たときに。ユダヤに導く星は、何を示しているのでしょうか。それは信仰の恵み、初めの悟り、真理を知ることです。この星に導かれてユダヤまで行きます。ユダヤまで行くということは、主を認めることです。なぜなら、真理を知ること、それは主を認めることです。星の一度目の出現は、初めの恵みを意味します。この恵みはわたしたちに善を行うように導きます。二度目の出現はこれに続く恵みを意味します。その二つの恵みを与えるのは、「御心のままに望ませ、行わせ」る方です（フィリピ2・13）。望ませるのは第一の恵みのわざで、実行に移させるのは、それに続く恵みのわざです。最後は、幼子イエスのもとにたどり着きます。そこに着いたならば、星は先へは進みません。イエスのもとにたどり着いたら、喜ぶことだけです。

（聖ビクター修道院のガルテリオ（13世紀）、司祭「説教」）

祈り

天から祝福された光よ、あなたは人々の唯一の希望。
家族の愛の絆である幼子イエスは、あなたに向かってほほ笑みます。

一連を唱えます。

イエス（ルカ2・4−7を聞く）

イコンの中央の飼い葉桶にイエスは置かれています。それは飼い葉桶というより、旧約時代の祭壇の形をしています。その祭壇の上に置かれた神の子は、いのちをもたらし、世の罪を贖ういけにえとして死ぬために生まれたからです。寝ている幼子イエスは死者のように布に包まれています。布に包まれている幼子は、布に包まれる死の時を予告します。暗い洞窟にいるイエスは、後で地獄に降りる神の御言葉を予告します。イエスは「暗闇の中に輝く光」です（ヨハネ1・5参照）。

朗読

ベツレヘム、パンの家、それは、キリストのからだである真のパンを提供する教会です。

ベツレヘムの飼い葉桶、それはキリストの羊たちが糧を得られる祭壇です。この食卓について詩編に、こう記されています。「あなたはわたしに食卓を整えてくださる」（詩編23・5）。

飼い葉桶の中に、イエスが布に包まれています。秘跡も布のようなものです。新しい飼い葉桶である主の食卓に、パンとぶどう酒の形で、キリストの真のからだと血が、布に、すなわち秘跡に包まれて、ひそんでいます。キリストの降誕について、毎日、聖なる祭壇からわたしたちが与るキリストの御からだと御血以外、大きなしるし、目に見えるしるしはありません。昔、乙女マリアから生まれたキリストは、毎日、わたしたちのために御自分を捧げます。だから、兄弟たち、主の飼い葉桶に駆けつけましょう。

（リエボの聖エルレド（†１１６７）、修道院院長「説教」）

祈り

造られたものをすべて御自分の手の中に収めている方は、今日、乙女マリアから生まれます。目に見えない方は、布に包まれています。天を固められた方は、神でありながら、飼い葉桶に眠っています。

一連を唱えます。

マリア（ルカ2・16–20を聞く）

洞窟のそば、イエスの手前に、神の母マリアは横になっています。「マフォリオン」と呼ばれる服は完全にマリアを包んでいます（マントであると同時にベールにもなっているこの服は、外に出る時の結婚している女性の服です。赤と黒のこの服は、彼女の子の受難と復活を象徴します）。出産の疲れの後、聖母は横になって休んでいます。自分の手で頭を支える、その態度から見て、今起こっている出来事を観想しています。福音書にこう記されています。「マリアはこれらの出来事をすべて心に納めて、思い巡らしていた」（ルカ2・19）。

母マリアは、赤ちゃんから目をそらし、羊飼いたちの方に目を向けています。羊飼いたちを通してわたしたちを歓迎します。一人ひとりの中に自分の子の誕生を認めています。

イコンではマリアの服に三つの星が印されています。ベールに一つ、右の肩と左の肩に一つずつ。これは、マリアが出産の前、出産のとき、出産の後、乙女であることを意味しています。

朗読

マリアは母であり、乙女です。出産の前に乙女、出産の後でも乙女です。これは驚くべきことです。どうして、キリストは一人の乙女から生まれることができるのか、どうして、その母は、出産の後でも乙女のままにとどまれるのかを、あなたは知りたいですか。復活の後、戸に鍵がかけられていたのに、イエスが来て、真ん中に立ったと書いてあります。あなたは、戸に鍵がかけられていたということを疑っていないでしょう。鍵がかかったまま、入った方は、亡霊でも、霊でもありませんでした。真のからだを持っていました。本人はこう言いました。「亡霊には肉も骨もないが、あなたがたに見える通り、わたしにはそれがある」。イエスには肉も骨も有りました。そして戸には鍵がかけられていました

（聖ヒエロニモ（†420）、司祭「ヨハネ福音書講解」）

祈り
今日、日が昇るところから、沈むところまで、
乙女マリアからわたしたちのためにお生まれになった王、
キリストを、たたえ歌いましょう。

清められたマリアの胎内に天の恵みが注がれ、
その秘密を神のみが知っています。

一連を唱えます。

ヨセフ、牛、ロバ、羊飼いたち、博士たち（マタイ2・11を聞く）

聖ヨセフは物思いにふけっています。生まれてきた幼子について、疑問を抱いています。羊飼いの恰好をした誘惑者がヨセフの前に立って疑いの種を蒔いてささやいています。「見える世界以上、何も存在しない。だからこの子は聖霊によって生まれたことはないでしょう」と言っているかのようです。

牛とろばはイザヤの言葉を思い出させます。「牛は飼い主を知り、ろばは主人の飼い葉桶を知っている」（イザヤ1・3）。

羊飼いたちは良い羊飼いのイエスの姿を連想させます。羊飼いは群れを守り、導き、死から救い出します。左に、馬に乗った博士たちが現されています。彼らは異邦人であるけれど、正義を行う者として、神に受け入れられます。中に、黒人、西洋人とアジア人がいて、そして青年、中年と老人がいて、彼らはすべての人種、すべての世代の代表になっています。黄金、乳香、没薬を贈り物として献げます。彼らは香料を携えてキリストの墓に行く聖女らを予示します（ルカ23・55−24・1）。

朗読

聖母よ、わたしたちの糧になる方を、食物になるために飼い葉桶に置かれている天のパンである方に授乳してください。「牛は飼い主を知り、ろばは主人の飼い葉桶を知っている」（イザヤ1・3）。それは、割礼を受けた者と割礼を受けていない者を指しています。両方とも、親石であるキリストの内に一つになっています。その初穂は羊飼いたちと占星術の学者たちです。

（聖アウグスティヌス（†430）、司教「説教」369・13）

祈り

神は占星術の学者たちを礼拝に導きます。
彼らが携えてくる三つの贈り物――黄金、乳香、没薬、
それらは、三日目のイエスの復活を予告します。
王の王のための黄金、全世界を治める神のための乳香、
不死の者でありながら、
三日間、死を味わった方のための没薬です。

一連を唱えます。

天使たち（ルカ2・8−14を聞く）

天使たちは、神の栄光を反映しながら、二つの役割を果たしています。

・彼らは上を向き、光の源の方に向かい、天で行われる典礼に参加し、終わりなく、神をほめたたえます。
・ある天使は、神の子、キリストを仰ぎ見て拝み、他の天使は、羊飼いに向かって、何かを告げます。彼らは神の御使いであると同時に人間に仕えています（守護の天使）。

教会では、その二つの役目を、助祭が果たしています。

最後に、イエスの誕生の神秘を見事に要約しているヘブライ人への手紙の次の箇所を聞きましょう。「ところで、子らは血と肉を備えているので、イエスもまた同様に、これらのものを備えられました。それは、死をつかさどる者、つまり悪魔を御自分の死によって滅ぼし、死の恐怖のために一生涯、奴隷の状態にあった者たちを解放なさるためでした。確かに、イエスは天使たちを助けず、アブラハムの子孫を助けられるのです。それで、イエスは、神の御前において憐れみ深い、忠実な大祭司となって、民の罪を償うために、すべての点で兄弟たちと同じようにならねばならなかったのです。事実、御自身、試練を受けて苦しまれたからこそ、試練を受けている人たちを助けることがおできになるのです」（ヘブライ2・14−18）。

朗読

わたしたちの主、わたしたちの救い主がからだを受けてこの世に来たとき、天の聖歌隊を指揮する天使たちは、羊飼いに良い知らせをこう告げました。「わたしは、民全体に与えられる大きな喜びを告げる」（ルカ2・10）。わたしたちも、この天使の言葉を借りて、あなたたちに大きな喜びを告げます。

今日、教会は平和を味わいます。

今日、教会という船は港に着きます。

今日、キリストの民は高められますが、真理に背く者たちは低くされます。

今日、キリストは喜びますが、悪魔は嘆きます。

今日、天使たちは踊りますが、悪魔たちは恥入っています。

今日、平和の王であるキリストは、平和を持って現れると、すべての紛争を退け、すべてのいさかいを遠ざけ、すべての不和を追い出します。太陽の輝きが天を照らすように、キリストは平和の輝きで教会を照らします。なぜなら、「今日、あなたたちのために救い主がお生まれになった」からです。

（聖ペトロ・クリソロゴ（†450）、司教「説教」）

祈り

今日、アダムの子らは希望を取り戻します。

博士たちと羊飼いと共に、あなたに導かれてあなたの前にひれ伏します。

そして、天使たちと共に歌います。

天のいと高きところに栄光、地に平和、人々には神の慈しみがあれ。

一連を唱えます。

喜びの第四の神秘

マリア、イエスをささげる

典礼　2月2日　主の奉献
ルカ2・22―39

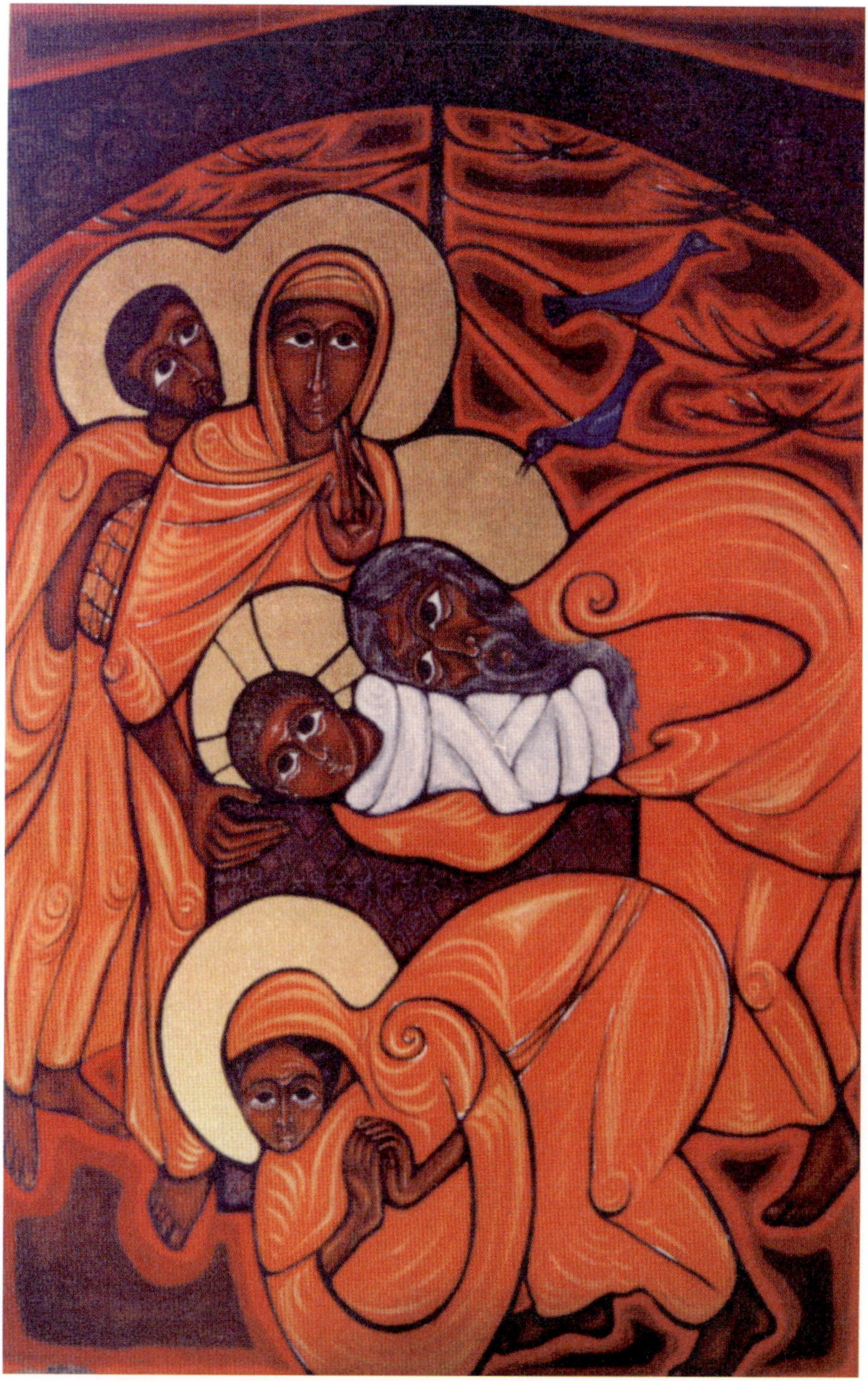

主の奉献　クラウディオ・パストロのイコン　1980-1981 年　120 × 80
出会いの修道院　マンディリツバ、パラニャ州、ブラジル

マリアとヨセフ——信仰が厚く、正しい人（ルカ2・22–24を聞く）

クラウディオ・パストロの絵では五人の人物が空間を満たしています。

絵には動物もいます。伝統的には鳩ですが、ここでは二羽の青いカラスが描かれています。ヨセフが手にしている鳥かごから逃げ出したのです。

マリア、ヨセフとみどり子は、マリアの清めのため、そして初めて生まれた子の聖別のために、神殿に来ていました。モーセの時代から、イスラエルの社会では、出産の時の出血は（生理も）大変なことと思われていました。それは血を流すことで生命を逃すと考えていたからです。元のままの状態に戻るため、そして、生命の源である神のつながりに戻るために、ある儀式を行います。それは神殿で行う清めの儀式です。

マリアとヨセフはモーセの律法を守っています（レビ12・2–8）。出産の八日目に割礼を行い、その三十三日後、母の清めが行われました。降誕の12月の四十日後とすると、2月2日になります。

この場面はどこでしょうか。それは建物の中で、絵では上に屋根を描いてそれを示しています。

朗読

マリアとヨセフの捧げ物は、貧しい人の捧げ物です。息子、または娘のために、律法によれば、雄羊と家鳩または山鳩を捧げ物にしますが、小羊に手が届かない貧しい人は、家鳩二羽、または山鳩二羽を捧げ物とします。そのように「主は豊かであったのに、あなたがたのために貧しくなられた。それは、主の貧しさによって、あなたがたが豊かになるためだったのです」（二コリント8・9）。

（聖ベダ・ヴェネラビリス（†735）、司祭「説教」）

祈り
マリアとヨセフはモーセの律法に従い、その掟を誠実に行いました。

一連を唱えます。

シメオンは、聖霊に導かれて（ルカ2・25－27を聞く）

シメオンは腰の曲がった老人として描かれています。しかし、福音書は、彼が年寄であることに触れていません。老人として描かれるのは、選ばれたイスラエルの民が長年にわたって、メシアを待ち望んでいたことを表しています。アブラハムの胸もとに憩う前に、彼の頭は、イコンの中央にある幼子イエスの胸もとに寄りかかっています。シメオンは幼子イエスを抱き、祭壇の上に置きます。

中央に位置するこの祭壇は、わたしたちの注意を引き付けます。その形は四角形です。四角形は創造の世界を象徴しています。たとえば、基本方位は四等分で東西南北に空間を分けます。同時に、祭壇は立方体で、わたしたちに神の愛の規模を思い起こさせます。その「広さ、長さ、高さ、深さがどれほどであるか」（エフェソ3・18）。

祭壇の上に、死者のように布に包まれて、イエスは新しいイサクとして捧げられています（降誕のイコンでもイエスは祭壇の上に捧げられています）。本当に、この祭壇は十字架という祭壇で、散らされている神の子たちを一つに結んでいる聖なる空間です。マリアは祭壇に手を置きます。それは、マリアは、モーセの律法を守りながら、その律法を超えているからです。聖書には、「清めの期間が完了するまでは、聖なる物に触れたり、聖所にもうでたりしてはならない」（レビ12・4）が「祭壇に触れるものはすべて、聖なるものになる」（出エジプト29・37）と書いてあります。本当にマリアは祭壇に触れるにふさわしい方です。

後にアリマタヤのヨセフが墓にイエスの遺体を納めるように、今、マリアは自分の子を祭壇の上に置きます。その時のマリアの心に、イエスを捧げる覚悟があるのを見て、わたしたちは驚きます。その時、マリアは、司祭職が普遍的であることをわたしたちに悟らせます。その聖なる務め、母親が果たす務めです。チェスタトン（†1936）の言葉は本当に正しいのです。「男性たちは人間ですが、真の人間は一人の女性です」。

朗読

シメオンが神の子を自分の腕に抱く恵みをいただく前に、その展開を見てください。最初、聖霊から、「主キリストを見ないうちは決して死なない」という啓示を受けていました。次に、神殿に来たのは、偶然ではなく、自分の意思だけではなく、それは聖霊に導かれたからです。「神の霊によって導かれる者は皆、神の子なのです」（ローマ8・14）。シメオンを神殿に導くのは聖霊です。

もしあなたもイエスを自分の腕に抱きたいならば、そして、自分の束縛から解放されたいならば、聖霊の導きに自分の歩みを任せなさい。そうすれば、神の神殿にたどり着くでしょう。そうであれば、あなたが今いるのは、主イエスの神殿、すなわち、主イエスの教会、生きた石で築きあげられる神殿です。

（オリゲネス（†255）、司祭「ルカ福音書講解」）

祈り

主の神殿で、乙女マリアは、聖なる預言者に御ひとり子を差し出します。

シメオンは手を伸べて、その子を喜んで受け入れます。イエスは捧げられ、聖別されますが、彼こそ、すべてを聖別する方です。彼自身、祭司であり、祭壇であります。

一連を唱えます。

シメオンの祝福（ルカ2・28－32を聞く）

毎日、寝る前の祈りの中で教会が唱えるシメオンの歌は、二部から成り立っています。シメオンは近づいてくる自分の死について語り、そしてすべての民を照らす光を紹介します。

後に、洗礼者ヨハネも皆が見ている所で紹介する方を、シメオンは祭壇の上に万民を照らす光であるその方を置きます。この光は、黙示録でヨハネがたたえる「明けの明星」です（黙示録22・16）。シメオンが明けの明星として語っているその光は、イエスが御父から受けた権威を象徴しています。

黙示録の終わりに、ヨハネは、輝いているその光は「ダビデのひこばえ、その一族、輝く明けの明星である」と言います。ひこばえは、クラウディオ・パストロの絵には、アラウカリア（アラウカリアや青いカラスはブラジルのパラニャ州独特のものです）という植物で象徴されています。それは、イザヤ書を引用すれば、エッサイの株から萌えいでる芽でもあります（イザヤ11・1）。アラウカリアの二つの枝の上に、贖いの捧げ物として、ヨセフとマリアから捧げられた二羽の青いカラスがいます。同時にこの二羽の鳥は二つの契約も表しています。

一羽は後ろの方を向いています。それは最初の契約、前の契約です。

もう一羽は前の方に向き、始まろうとする新しい契約である幼子イエスを眺めています。

朗読

「彼は言った。主よ、今こそ、僕を安らかに去らせてくださいます」。この正しい人は、いわば牢獄のようなからだに引き留められ、キリストのもとに行くために、その束縛から解放されたいと強く望んでいます。「この世を去って、キリストと共にいたいと熱望して」いるからです（フィリピ1・23）。自由になりたい人は、神殿に、エルサレムに来なさい。神に油注がれた方を待ち望みなさい。自分の手で神の御言葉を受け入れ、自分の信仰の腕のうちに彼を抱きなさい。いのちそのものを見た人は、死を味わわないでこの世を去るでしょう。

わたしたちは見たでしょう。主の降誕によって、恵みが豊かにすべての人の上に注がれ、預言の成就は不信仰な人には断られますが、信仰の篤い人には与えられます。それで、シメオンは、主イエス・キリストが、多くの人を倒したり、立ち上がらせたりするため、正しい人と正しくない人を見分けるため、そして、正しい審判者として、わたしたちの行いに応じて、罰か報酬かを与えるために来られると預言しました。

（聖アンブロジオ（†397）、司教「ルカ福音書講解」）

祈り

幸いなシメオンよ、急げ、
喜びの預言を行い、
貧しい人に告げられる新しい光を
すべての人に告げ知らせなさい。

一連を唱えます。

イエスの使命（ルカ2・33―35を聞く）

マリアとヨセフを祝福してから、シメオンは母マリアに向かって、預言します。十字架の神秘を予告します。イエスの誕生の時と同じように、喜びの中にも苦しみがあります。人間の罪は、すべての人を照らし、救いに来られる光を消そうとしています。その危険を避けるために、マリアとヨセフは幼子と共に、エジプトに逃げます。

マリアの腕は、神である幼子を抱くと同時に十字架も抱きます。苦しみの母、マリアは、産みの苦しみをもう一度体験する時期が来ます。それは、ゴルゴタの丘でのイエスの死の時です。刺し貫かれたマリアの魂は、その苦しみによって貫かれますが、その苦しみの実りはイエスの復活です。

預言者イザヤが、祭壇から取られた炭火によって清められたように、信心深いシメオンは、マリアから消えることのない火、消えることのないい光を自分の腕に受け取った時、清めを受け、救いが来たということを知りました。シナイ山でへりくだった預言者モーセは、自分の手の中に主の律法を受け取ったように、シオンの山でへりくだった預言者シメオンは自分の手の中に、新しい契約、主イエス・キリストを受け取りました。

朗読

聖母よ、あなたは確かに魂を剣で刺し貫かれたのです。それは、あなたの魂を刺し貫かずに御子のからだを刺すことはなかったからです。すべての人のイエス、特にあなたのイエスが息を引きとられた後では、あの残酷な槍も、もはやイエスの魂に触れることができなかったのです。亡くなった主のわき腹を容赦なく槍が刺しましたが、亡くなった方が刺されても痛みをおぼえるわけではありません。しかし、この槍は、あなたの魂を確かに刺し貫きました。イエスの魂はもはやそこにはなかったのですが、あなたの魂はそこから離れることができなかったのです。あなたの魂を強い痛みが刺し貫きました。あなたが殉教者以上のものであるとわたしたちが言うのは、まことにふさわしいことです。あなたの魂の痛みは、あらゆる肉体的痛みを超えるものだったからです。

（聖ベルナルド（†１１５３）、修道院長「説教」）

祈り

清い鳩、しみのない雌羊であるマリアは、
神殿に羊であり、羊飼いである方を連れてきます。

一連を唱えます。

年老いたアンナはエルサレムの贖いを預言する（ルカ2・36－39を聞く）

アンナの腰が曲がっているのは、年老いたからです。アンナは、シメオンと同じように、選ばれた民のメシアに対する希望を象徴しています。シメオンとアンナの登場とともに、時が満ちたということが露わにされます。聖パウロは、この物語を要約して、仲間割れを体験しているコリントの人たちにこう言います。

「今や、恵みの時、
今こそ、救いの日」（二コリント6・2）。

救いはすべての人に、けれども、最初は救いのわざの中心となるエルサレムに与えられます。イエスは復活した後、弟子たちに現れて、「『罪の赦しを得させる悔い改めが、その名によってあらゆる人々に宣べ伝えられる』と。エルサレムから始めて、あなたがたはこれらのことの証人となる」（ルカ24・47－48）と彼らに言います。

八十四歳になっているアンナは、イスラエルの民全体を象徴しています。八十四というのは12×7です。アンナは十二部族の代表になり、七という数字は完全や頂点を表しています。初めて福音を宣べ伝える人として、アンナは、神に感謝しながら、耳のある人に神のよい知らせを告げ知らせます。

朗読

今まで三人の人が預言していました。一人はシメオンで、一人は結婚している女で、もう一人は乙女です。すべての身分の中で、未亡人だけがいなかったので、ここにアンナが登場します。充実したやもめ暮らしのアンナは、すべての人の救い主の到来を告げるにふさわしい方でした。

（聖アンブロジオ（†３９７）、司教「ルカ福音書講解」）

祈り

アンナと共に主の前に迎えに出ましょう。
主の霊に駆り立てられ、
光の息子と娘として、
まことの光、キリストに、
消えることのない、わたしたちのロウソクの光をささげましょう。

一連を唱えます。

喜びの第五の神秘

マリア、神殿の中でイエスを見つける

典礼　1月1日

ルカ2・41－52

「イエスは、神の知恵を帯びて、話を聞いたり質問したりしている姿で現れます。すでにそこにいるのは、『教える方』としてのイエスです。」（聖ヨハネ・パウロ二世、「乙女マリアのロザリオ」20）

このイコンのテーマはルカ福音書2・41－52の場面を描いています。「半ばの五旬祭」と東方で呼ばれている祝日の際に、十二歳のイエスがエルサレムの神殿でユダヤ教の学者たちと出会う場面です。

東方教会では特別な祝日になっています。ちょうど復活祭と聖霊降臨の間であり、「半ばの五旬祭」と呼ばれています（復活節の第四水曜日に当たります）。ローマ典礼のわたしたちには知られていませんが、ヨハネ・クリゾストモ（†404）とダマスコの聖ヨハネ（†749）がそれに言及しています。

「半ばの五旬祭」という言い方はヨハネ福音書に由来します。「祭りも既に半ばになったころ、イエスは神殿の境内に上って行って、教え始められた」とあります（ヨハネ7・14）。この箇所は秋に行われるユダヤ教の仮庵祭について語っています。その時、イエスが教えていることは聖霊降臨の予示と感じられます。『渇いている人はだれでも、わたしのところに来て飲みなさい。わたしを信じる者は、聖書に書いてあるとおり、その人の内から生きた水が川となって流れ出るようになる。』イエスは、御自分を信じる人々が受けようとしている〝霊〟について言われたのである。イエスはまだ栄光を受けておられなかったので、〝霊〟がまだ降っていなかったからである」（ヨハネ7・37－39）。

この祝日の典礼は「生ける水」というテーマが焦点になっています。この「水」はイエスの教えから出る恵みと同時に聖霊の賜物です。

ユダヤ教の学者の中に座っているイエス　16 世紀のイコン　81 × 60
ノヴゴロド派　ノヴゴロド、ロシア

神殿のイエス（ヨハネ7・15–16を聞く）

イコンでは、イエスは中央に座っています。その顔を見ると青年であることがわかります。学者の中にいるひげのない青年です。イエスは教えています。左手で御言葉の巻物を持ち、話に伴って、右手は動いています。この場面は、ルカ福音記者が伝えています（ルカ2・41–52）。

朗読

愛するあなたがたに、わたしは、簡潔に次のように言いたいのです。主イエス・キリストが「わたしの教えはわたしのものではない」と言ったのは、「わたしは、わたし自身から生まれたのではない」と言われたようにわたしには思われます、と。というのは、わたしたちは子が父に等しく、両者の間には本性と実体における相違はありません。生む者と生まれた者との間には時間上の何らの隔たりも介在していなかった、と主張し、かつ信じていますが、なおわたしたちは一方が父であり、他方が子であることを固持し守りながらも、このことを主張します。しかし、父は子をもたなければ、父ではなく、子もまた父をもたなければ、子ではありません。しかし、それでも子は父から出た神です。父も神でありますが、子から出たのではありません。つまり、子の父であっても、子から出た神ではないのです。だが、他方は父の子であり、父から出た神であります。なぜなら、主イエスは光から出た光と呼ばれているからです。だから、光から出たのではない光と、光から出た同等な光とは、ともに一つの光であって、二つの光ではありません。

わたしたちがこのことを理解したならば、神に感謝しましょう。少ししか理解しなかったとしても、人はできるかぎりをなしたのですから、残ったところについてはどこから理解の希望がもてるかを洞察すべきです。わたしたちはただの働き手として外面的な働きをします。植えたり、水を注いだりできますが、成長させるのは神だけです。

「わたしの教えは、自分の教えではなく、わたしをお遣わしになった方の教えです」（ヨハネ7・16）。

（聖アウグスティヌス（†430）、司教「ヨハネ福音書講解」29・5）

祈り
わたしたちの神、救い主、イエス・キリストよ、
あなたの内に満ちあふれる神性が宿っています。
あなたは、人間の弱さを身に帯びて、人間に新しいいのちを与え、
死者の内から最初に生まれた方になりました。

一連を唱えます。

毎年行われる巡礼（ルカ2・41–42を聞く）

68

ユダヤ教の学者の真ん中に座るイエスはわたしたちと共にいる神、人々の間の新しい神殿です（神殿は神が御自分の民の間にいるしるしです。エルサレムの「古い」神殿を背景に、イエスは新しい神殿として立っています）。イエスは真の神、真の人です。二十年後ペトロが告白したように、イエスは「永遠の命の言葉を持っておられます」（ヨハネ6・68）。

イエスは御父から遣わされました。イエス御自身がヨハネの福音書に、何回もそれを繰り返します（ヨハネ5・37、6・57、8・18）。

朗読

バル・ミツバ。少年イエスがユダヤ教の学者の真ん中に座っていた時は、十二歳でした。ここでバル・ミツバを紹介しなければなりません。ユダヤ教では十三歳になった男児は、特別な儀式を通して、バル・ミツバ、すなわち戒律の子になります。

バル・ミツバの前は、彼の善と悪の行いの責任は親や保護者になりますが、儀式の時から責任は完全に青年に移ります。大人のように共同体の一員になり、掟を行わなければなりません。その掟は、その数が六一三で、人生のすべての時において、人間同士の関係と神との関係において、ユダヤ人の行動を取り決めています。

なお、バル・ミツバになった青年は「ミニヤーン」（数）の中に数えられます。宗教行事を行うには、最低、十人の男性が必要です。その十人は「ミニヤーン」と言います。「アブラハムは言った。『主よ、どうかお怒りにならずに、もう一度だけ言わせてください。もしかすると、十人しかいないかもしれません。』主は言われた。『その十人のためにわたしは滅ぼさない。』」（創世記18・32）。

バル・ミツバの儀式は人間の成熟の過程のなかで、完全な成熟ではなく、その過程の最初の段階を示しています。バル・ミツバの習慣は16世紀に始まります。聖書には言及されていません。儀式が行われている安息日に、青年はモーセ五書の一カ所と預言者の書の一カ所を伝統的な音楽をつけて歌います。儀式に続いて、バル・ミツバの青年の両親は親類や友人を誘って、宴を催します。

十二歳になっている少女のためにも、同じような儀式が行われています。

祈り

平和の神、憐みの御父よ、
聖なる者の集いから使者を遣わしてください。
そうすれば、あなたの光に照らされ、わたしたちは夜、目覚め、
人の友、あなたを賛美することができますように。

一連を唱えます。

知恵であるイエス（ルカ2・43–46を聞く）

「キリストは、神の力、神の知恵である」とパウロは断言します。人生のすべての時にも、キリストは同じ「神の知恵」を見せています。天地創造の前に（箴言8・22–31、エフェソ1・4）彼が持っていたこの知恵は十二歳の少年の内に初めて人間の目の前に現れました。律法学者は怯えて、片手をあげて、恐怖を表しています。

朗読

イエスは十二歳の時、エルサレムに残りました。両親はイエスがどこにいるのか見当たらなかったので、一生懸命探しましたが、見つかりませんでした。一緒に旅をしていた人々や親類の間を探しましたが、見当たりませんでした。彼を探したのは両親、特にエジプトに下る時に彼を連れて行った養父です。見つけるまで、時間がかかりました。実は、イエスは知り合いや同じ血でつながっている人たちの間には見つけられませんでした。わたしのイエスは群衆の間では見つけることができません。どこで両親がイエスを見つけたかを学びなさい、そうすれば、ヨセフとマリアと共にあなたもイエスに出会えます。

どこでイエスを見つけたのでしょうか。彼を探していた時、彼らは神殿の境内で見つけた（ルカ2・46）と福音記者は言います。平凡な場所ではなく、神殿です。そして、神殿の境内だけではなく、「学者たちの真ん中に座り、話を聞いたり質問したりしておられるのを見つけた」。あなたも神の神殿に、教会に、神殿にいて、そこから離れない学者たちの間にイエスを探しなさい。このように探したら、必ずイエスに出会います。
（オリゲネス（†255）、司祭「ルカ福音書についての説教」18・2−5）

祈り
いと高き方の口から出て、
宇宙の果てまで届き、
強さと寛容をもって全世界を治める英知よ、
賢明の道をわたしたちに教えに来てください。

一連を唱えます。

イエスに対しての驚き（ルカ2・47を聞く）

イコンはイエスと神殿の学者たちの間の対話の様子を見せてくれます。学者たちは三人ずつ、二つのグループをなしていて、感心してイエスに耳を傾けます。「この人は、学問をしたわけでもないのに、どうして聖書をこんなによく知っているのだろう」（ヨハネ7・15）。

朗読

誰かが自分を先生と主張しても、イエスと一緒にいなければ、その人は名前だけの先生です。イエスと結ばれていなければ、イエスに出会うことができません。神の言葉、神の知恵、イエスに出会えません。イエスに出会うには、学者たちの間に座らなければ、そして、座るだけではなく、質問したり、イエスに耳を傾けたりしなければなりません。

今も、イエスはここにいて、わたしたちに尋ね、そして、わたしたちに耳を傾けます。「聞いている人は皆、……驚いていた」（ルカ2・47）。何に驚いていたのでしょうか。彼らが驚いたのは、たとえイエスの質問が見事であっても、その質問ではなく、その答えについてです。イエスは学者たちに質問し、彼らが答えられない時に、質問に御自分で答えていました。

聖書では、答えというのは、言葉のやり取りだけではなく、聖書の中で例があるように、学びです。モーセが語りかけると、神は答えられました。その答えとは、モーセが知らなかったことを、神が教えていたのです。イエスはときどき尋ね、ときどき答えます。そして、わたしが先に言ったように、彼の質問は見事でしたけれど、その答えはもっと見事なものでした。

（オリゲネス（†255）、司祭「ルカ福音書についての説教」18・2–5）

祈り
神の御言葉、始まりのない光よりの光、キリストよ、
聖霊を与える主よ、
わたしたちは、あなたをほめたたえます。
分かち得ぬ栄光を持つ三重の光よ、あなたをほめ歌います。

一連を唱えます。

イエスと御父の対話（ルカ2・48–52を聞く）

十二歳になって、イエスははっきりと御父との特別で、そして揺るがない絆を宣言します。

朗読

わたしたちもイエスに耳を傾け、イエスが答えるのにふさわしい質問をわたしたちに暗示してくださるように、イエスに祈り、苦労しながら懸命に彼を探し求めましょう。そうすれば、探すことを見つけるでしょう。「御覧なさい。お父さんもわたしも心配して捜していたのです」（ルカ2・48）と書いてあるのは、ちゃんとしたわけがあるのです。

イエスを探し求めるある人は、いい加減で、だらだらと、変わりやすい気持ちでそれを行います。しかし、このようにやっても、イエスに会えません。それとは逆に、わたしたちは言いましょう。「心配して、あなたを探していますす」。そう言ったなら、苦しみと努力をもって探しているわたしたちの魂にイエスは、次のように答えるでしょう。「わたしが自分の父の家にいるのは当たり前だということを、知らなかったのですか」（ルカ2・49）。

（オリゲネス（†255）、司祭「ルカ福音書についての説教」18・2–5）

祈り

息子よ、なぜこんなことをしてくれたのです。
御覧なさい、お父さんもわたしも心配して探していたのです。
どうしてわたしを探したのですか。
わたしが自分の父の家にいるのは当たり前だということを、知らなかったのですか。

一連を唱えます。

主の洗礼

光の第一の神秘

典礼　1月初旬　主イエス・キリストの公現

マタイ3・13–17、マルコ1・9–11、

ルカ3・21–22、ヨハネ1・19–34

主の洗礼　17 世紀のイコン　85 × 65　モスクワ、ロシア

イエスとヨルダン川（Ⅰ）（マタイ3・13を聞く）

イエスは、ヨルダン川の中に立っています（「ヨルダン」は「降りてくるもの」の意味）。

活動の始まりに当たって、イエスは水の中に入り、悪の力に挑戦します。聖書の世界では、海や水は、悪魔の住まいであり、悪の力が働いているところと思われていました。詩編74・13－15は、それを示します。

イスラエルの民はモーセの指導で紅海を渡り、そして、ヨシュアの指導で、ヨルダン川を渡りました。このことはイエスの洗礼、そしてわたしたちの洗礼も予示します。

イエスは、水に入り、潜ったことによって、水を清め、光で満たし、聖なるものにします。海の支配に打ち勝ったのです。イエスは、すっかり、すべての水を清めます。イエスは右の手で水を祝福しています。

朗読
神とそのキリストが一緒になれば、水はなんという恵みに満ちることでしょうか。
水なしに、キリストに行くことはできません。
イエス御自身も、水の中で洗礼を受けました。
婚宴に招かれて、水を使って、御自分の栄光を現しました。
祈った時に、渇いている者に、永遠のいのちの水に渇くよう促します。

愛について話した時に、隣人に水を一杯飲ませることも一つの愛の行為として定めました。

井戸に着いた時に、休みました。

湖の水の上を自由に歩きました。

弟子たちの足を水で洗いました。

受難の時まで洗礼の証が続きます。わたしたちは知っています、イエスは裁かれた時に、水はそこに置いてあって、ピラトの手に注がれました。

そして、息を引き取られてから、(兵隊の槍は、それをよく確認できました) 脇腹から水は流れ出ました。


(テルトゥリアヌス (†220)、司祭「洗礼についての講話」)

祈り
洗礼者ヨハネは自分の使命を果たし、主に洗礼を授けます。
主がヨルダン川に入ることによって、その水を清めます。
乙女マリアの子には水による洗いの洗礼は必要ではありませんが、世を罪から清めるために、水の中に入ります。

一連を唱えます。

イエスとヨルダン川（Ⅱ）（マタイ3・13を聞く）

水は死を象徴しています（ノアの洪水）。しかし、同時に水は、「命の水の泉」（黙示録21・6）、「永遠の命に至る水がわき出る」（ヨハネ4・14）泉です。

主の周りに、十種類の魚が見えます。

水の中に入っているキリストは液体でできた墓の中にいるかのようです。水は洞窟の形にもなっています。

ヨハネ・クリゾストモはこう説明します。水の中に沈み、そして水から立ち上がることは地獄に降りて、そして復活することの象徴です。

朗読

ヨハネが洗礼を授けていました。イエスはそのもとに行かれます。たぶんそれは、イエスが御自分に洗礼を授けてくれる彼をも聖化なさるためだったのでしょう。いずれにせよ、水の中に葬ってしまうために、古いアダムの全体を聖化なさるためだったのです。

洗礼者ヨハネはイエスに洗礼を授けることをはばかりますが、イエスは強く要求されます。「わたしこそ、あなたから洗礼を受けるべき」（マタイ3・14）ですと、明かりは太陽に、声が言葉に、友は花婿に、女から生まれた者のうちで最も偉大な者が、すべての造られたものに先立って生まれた方に、母の胎内にいて踊った者が胎内にいるときから礼拝されていた方に、先がけて先がけられた者がすでに現れて、後にまた現れる方に言います。「わたしこそ、あなたから洗礼を受けるべきです」。あなたのために、という言葉も言い添えるべきでしょう。

（ナジアンズの聖グレゴリオ（†３９０）、司教「説教」）

祈り

御自分の洗礼を通して、
イエスは、不従順がもたらした死を打ち砕き、世に救いを与えます。
そのためにわたしたちは歌います「主よ、あなたは偉大、あなたのわざは不思議」。

一連を唱えます。

洗礼者ヨハネと天使たち（マタイ3・14－15を聞く）

洗礼者ヨハネはすべての人の代表です。最後の預言者ヨハネはイエスの前に頭をさげます。「わたしは、その履き物をお脱がせする値打ちもない」（マタイ3・11）。

この態度は洗礼者ヨハネの謙遜を表しています。強く頼まれて、イエスに洗礼を授けます。

天使たちは天の世界を表しています。

こうして、天と地は共にイエスの洗礼に居合わせます。

朗読

主人は僕たちと、正しい方は罪人たちと一緒に洗礼を受けるために並んでいます。そのことについて、あなたは心を騒がせないでほしい。屈辱の中にこそ、主の偉大さが最も輝いています。他の人々と同じように、御自分の僕であるヨハネのもとに行って洗礼を受けることに、なぜあなたは、驚くのですか。何カ月もの間、母の胎内に滞在し、母の胎から出て、人間性をまとった主は、侮辱、十字架、いろいろな苦しみに身を任せることを望んだのではないでしょうか。驚くべきことは一つ。神でありながら、人間になったということです。他のことは皆、その結果です。

洗礼者ヨハネは「わたしは、その方の履き物をお脱がせする値打ちもない」と宣言し、自分は、一人ひとりをその行いに応じて報い、そして、聖霊を豊かに与える正しい者ではないことをはっきりと言います。そして、イエスが洗礼を受けるために自分の方に進み出たときに、ヨハネはそれを思いとどまらせようとして言いました。「わたしこそ、あなたから洗礼を受けるべきなのに、あなたが、わたしのところへ来られたのですか」（マタイ3・14）。その時、「今は、止めないでほしい。正しいことをすべて行うのは、我々にふさわしいことです」（マタイ3・15）というイエスの返事を聞いたヨハネは、すぐそれに応じます。頑固に抵抗するのではなく、信頼と従順で、主の望みに答えます。ふさわしいことというのは、掟を守ることです。「我々はすべての掟を行ったように、今、残っているこの掟をも行います。わたしは、律法を全部実行しなければなりません。そして、律法の中で書かれている、あなたたちに対してのわざわいを償わなければならない。そのためにわたしは受肉し、来ました」とイエスは言っているかのようです。

（ヨハネ・クリゾストモ（†407）、司教「マタイ福音書講解」）

祈り

憐みの淵である方に
ヨルダン川で洗礼を授けた預言者よ、
赦しと救いの雨がわたしたちの心の内に
降りますように、主に執り成してください。

一連を唱えます。

天と鳩（マタイ3・16を聞く）

主の降誕のイコンと同じように、主の洗礼のイコンも、天が裂け、その裂け目から、神が御自身を現すように描かれています。三つの光線と鳩は、御子に対しての御父の愛を表しています。ヨルダン川の上に現れる鳩は、創造の前に「水の面に動いていた神の霊」（創世記1・2）を連想させます。主の洗礼は、新しい創造の始まりなのです。主の洗礼は、イエスにとって、まことに聖霊降臨です（三つの光線のところにこう書いてあります。わたしたちの主イエス・キリストの聖なる公現）。

朗読

聖霊の鳩はヨルダン川の暗い水の上に現れます。洗礼を受けたばかりの方の光輝く後光の上にとどまり、その方の聖性を証しします。最初から、イコンにも、他の主の洗礼の絵にも鳩のシンボルがあります。鳩はキリストの到来を告げ、キリストが神の子であることを証しします。キリストこそ、アダムとその罪により閉ざされた天の門を再び開きます。

鳩は新しいノアとしてのキリストを示し、彼こそ神と人間との間に新しい契約を結び、神とわたしたちを和解させます。

（ヘレン・ホルニ・ユング「内なる人」）

祈り

主よ、あなたがヨルダン川で洗礼を受けられたとき、
聖三位一体への礼拝が現されました。
御父はあなたを「わたしの愛する子」と呼んで、
神の子であることを証しされ、
鳩の姿で現れた聖霊は、その御言葉を確認します。
わたしたちの神キリストよ、あなたは目に見える姿で現れ、世を照らされました。
栄光はあなたに、世々とこしえに。

一連を唱えます。

声（マタイ3・17を聞く）

開かれた天から急に声が聞こえました。イエスにとって、それは特異な体験だったとわたしたちには思われます。御父の声を境にして、イエスの人生は新しい段階に入ります。イエスの今まで誰も知らなかった面が現れます。「これはわが愛する子、わが心にかなう者である」。イエスが、この声を聴いたのは、祈っていた時で、御父との深い関わりのあった中でした。イエスは目に見えない御父のひとり子。この神秘ははかり知れません。

朗読
主の洗礼のイコンを観想するとき、わたしたちは、まず、聖三位一体について考えなければなりません。なぜなら、その時初めて、主は父と子と聖霊として現れるからです。わたしたちも洗礼を受けるときに、父と子と聖霊の御名によって洗礼を受けます。洗礼を通して、わたしたちはいのちの霊を受けます。

（ヘレン・ホルニ・ユング「内なる人」）

祈り

御父の声は、イエスが御自分の子であることを証しし、
その上に、すべての賜物をお与えになる聖霊の力を注ぎます。
いのちと真理であるキリストよ、あなたに栄光とほまれがありますように。
御父と聖霊と共に、あなたは、わたしたちに天の輝きを見せてくださいました。

一連を唱えます。

光の第二の神秘

カナの婚宴

典礼　1月、主の公現と主の洗礼の後

ヨハネ2・1－12

ブラジルのアパレシーダの聖母の祝日（10月12日）に当たって、教会が福音書としてカナの婚宴の物語を選んだことは意味深いことです。ヨハネの福音書のなかでイエスの初めの奇跡の中心のメッセージは召し使いたちに、そしてすべてのブラジル人に向かってのマリアの願いです。「この人が何か言いつけたら、そのとおりにしてください」。マリアは貧しい人、謙遜な人の象徴です。マリアは貧しい人の代表になっています。手ぶらで、しかし、いつも心を開き、神の訪れを待ち望んでいます。

教皇ヨハネ・パウロ二世が１９８０年6月4日、アパレシーダの聖母教会の献堂式を行ったときに、こう述べました（アパレシーダはブラジルでとても大切にされている巡礼地）。

「神の母とわたしたちの母、無原罪のマリア、汚れなき乙女、アパレシーダの聖母をたたえよう。

ブラジルの地に足を踏み入れた時から、わたしが通ったいろいろなところでその讃美歌を耳にしました。この率直で純朴な言葉は、神の母でありながら、息を引き取る間際にイエスがわたしたちの母にしてくださったマリアに対して、信心深い子供の心から出る言葉、挨拶、呼びかけです。……

マリアへの信心は深いキリスト教的な生活の源であると同時に、わたしたちを神と隣人とに結びつけるものです。マリアの足元に座り、その声に聴き従い、その模範に倣いなさい。福音書に聞きましたように、マリアはわたしたちをイエスの方に導きます。『この人が何か言いつけたら、そのとおりにしてください』。昔、ガリラヤのカナと同じように、今も、マリアは人間の困難を自分の子に差し出し、願われている恵みを得ます。マリアと共に、マリアの取り次ぎを祈りましょう。マリアはいつも『神の母とわたしたちの母』だからです。」

（聖ヨハネ・パウロ二世、「教会の祈り」）

カナの婚宴　モザイク　14 世紀　コーラの救い主の教会（現在、カーリエ博物館）
イスタンブール、トルコ

三日目に（ヨハネ2・1–2を聞く）

カナの婚宴のことに触れるのは福音記者ヨハネだけです。

「三日目」というのは、イエスがフィリポとナタナエルに出会って三日の後です。三日目にイエスが御自分の栄光を現し、奇跡を行いました。それは三日目にイエスが復活したということを連想させます（ニケア・コンスタンチノープル信条。「三日目に復活し」）。

婚宴の客に混じって、マリアと、イエスと弟子たちがいます。

朗読

「三日目に婚礼があった」。この婚礼は、あるいは三位一体への信仰告白をもって、あるいは三日目に起こった復活への信仰をもって、三という象徴的な数字を含む三日目に祝われます。人類の救いという喜ばしい結婚の契りにほかなりません。

そのために福音書の他の箇所でも、放蕩息子の帰還、すなわち異邦の民の回心が、歌と音楽と礼服で祝われるのです。

（リエのファウスト（†990）、司教「主の公現の説教」）

祈り

キリストよ、カナの町はあなたをほめたたえますように。
あなたは、愛のぶどう酒によって、
カナの婚宴に喜びを与えました。

一連を唱えます。

マリアと、イエスの「時」（ヨハネ2・3－4を聞く）

マリアのすべての行動には、女性の特性が現れます。マリアとイエスの間の対話は率直で、正確で、はっきりしています。

イエスの「時」、すなわち、イエスが栄光を受ける時は、まだ来ていません。その「時」まで、時間を与えなければなりません。イエスの「時」が来るのは、聖なる過越の三日間です。「父よ、時が来ました。……子に栄光を与えてください」（ヨハネ17・1）。

朗読

ヨハネの福音書では、ある人の「時」というのは、定められた業、その人がやらなければならない業を成し遂げる時期です。

母になる女性の「時」は、それは子を産む日です。

信じないユダヤ人の「時」は、それは、神が彼らに隙間を与えて、罪を犯す時期です。

イエスの「時」は、御父からこの世に遣わされたイエスが、行うべきこと、すなわち悪魔や、罪や、死に打ち勝つことを決定的に成し遂げる時です。

（アンドレ・フェイエ）

祈り

主よ、カナでの花嫁はあなたの教会を、客たちは選ばれた者を表しています。
この驚くべきしるしを通して、栄光あるあなたの再臨を告げ知らせます。

一連を唱えます。

マリア（ヨハネ2・5を聞く）

「この人が何か言いつけたら、そのとおりにしてください」。

召し使いたちへのこのマリアの言葉は、告知の日に天使ガブリエルに答えた言葉にこだまします。「お言葉どおり、この身に成りますように」（ルカ1・38）。マリアの行動はある時には受け身（お告げ）、ある時には積極的（カナ）です。召し使いたちにこのマリアの言葉はまた、ファラオがエジプト人に言った言葉を連想させます「ヨセフのもとに行って、ヨセフの言うとおりにせよ」（創世記41・55）。ヨセフの驚くべき出来事はカナの奇跡を予告します。

朗読

神秘は現れ始めます。昔から預言の言葉があり、すべて成就しました。預言を理解するまで、キリストの来臨は空約束のようなものでした。そのことについて、使徒パウロはわたしたちがどう考えればいいかを暗示します。「今日に至るまでモーセの書が読まれるときは、いつでも彼らの心には覆いが掛かっています。しかし、主の方に向き直れば、覆いは取り去られます」（二コリント3・15－16）。

聖パウロが「覆い」と呼ぶのは、預言を覆い、それを理解し難くする難解なものです。あなたが回心するとき、その覆いは取り除かれます。その時、水はぶどう酒に変えられます。預言の書をすべて御覧なさい。言外にキリストを読み取らないと、聖書を読むのは、なんとも味がなく、つまらないことです。しかし、キリストの話に耳を傾ければ、彼はあなたを酔わせます。そのとき、あなたの霊は文字を超えます。あなたは「後ろのものを忘れ、前のものに全身を向け」ます（フィリピ3・13）。

（聖アウグスティヌス（†430）、司教、教会博士「講話」9・3）

祈り

カナの町よ、あなたは幸い。
あなたの欠乏も幸い。
主はそれを豊かさと喜びに変えてくださったからです。
あなたの光が出るのを見たあなたの城壁も幸い。

一連を唱えます。

イエス（ヨハネ2・6-8を聞く）

コーラのモザイクは奇跡の過程を見せます。

まず、水がめの大きさが目立っています。おのおのの容量は45リットルです。二人の召し使いが水がめに水を入れる間に、世話役はイエスに新しいぶどう酒のコップを差し出します。イエスの右にマリアがいて、その後ろに（髭のない）ヨハネと（この絵では見えない）ペトロがいます。

イエスは左の手で御言葉の巻物を持っています。

門の上に「幕屋」とヘブライ語で書かれています。ユダヤ教の婚礼では、荒れ野で神がお住みになっていた幕屋を思わせる天蓋の下で結婚式が行われます。

朗読
あなたの慈しみを表すために、あなたはお客として婚宴の席に座りました。無からすべてを創られたあなたは、一般客として婚宴に招待されました。婚礼の客に交じって、あなたは一人の客であると同時に神として、その席に座ります。そして婚礼の客を驚かせました。この世の富を持てなかったカナの花婿を、あなたは御自分の豊かさで満たしました。地上の一番控えめなその花嫁は、あなたが与えた恵みによって、すべての花嫁を上回りました。

（＊セドロ）

祈り
婚礼の中で、御ひとり子は初めのしるしとして、
御自分の血を与えることを示します。
わたしたちのために、御自分の偉大な力を現してくださいます。

一連を唱えます。

＊セドロは、ユダヤ教の祈りに由来する、アンティオケのシリア典礼の賛歌の一つ。

証明（ヨハネ2・9–12を聞く）

神の訪れを認めるには、証明の儀式は必要です。重い皮膚病を患っている人にイエスは言われます。「行って祭司に体を見せ」（マタイ8・4）なさい。十人にも同じことを言います。「祭司たちのところに行って、体を見せなさい」（ルカ17・14）。

重い皮膚病の人が祭司に自分のからだを見せるように、イエスは召し使いたちを世話役の所に行かせ、酒に変わった水の味見をさせます。

朗読

ガリラヤでのキリストの働きにより、ぶどう酒が作られます。すなわち、律法が退いて恩恵がその後に続きます。影が取り除かれ、真理がもたらされます。肉的なものが霊的なものに結び合わされます。古い掟が新しい契約へと移されます。「古いものは過ぎ去り、新しいものが生じた」と使徒が言っているとおりです。瓶に入れられていた水が、その存在を少しも失わずにそれまでなかったものになりはじめたのですが、それと同様に律法はキリストの到来によって消し去られたのではなく、表され、進歩したのです。

したがって、ぶどう酒がなくなってから他のぶどう酒が出されます。旧約のぶどう酒はよいものですが、新約のぶどう酒はもっとよいものです。ユダヤ人が守っている旧約は、文字どおり守られるものとして、むなしいものになっていますが、わたしたちのものである新約は、恵みによっていのちを味わわせます。「隣人を愛し、敵を憎め」という律法の掟は、よいぶどう酒、すなわちよい掟です。しかし、「わたしはあなたがたに言っておく。敵を愛し、あなたがたを憎む者に親切にしなさい」という福音は、もっとよく、もっと強いぶどう酒です。

（リエのファウスト（†９９０）、司教「主の公現の説教」）

祈り
わたしたちがたたえる奇跡は偉大。
カナで、神の命令によって、水がめに注がれている清い水は赤くなり、水が注がれますが、水がめの中でぶどう酒になります。

一連を唱えます。

光の第三の神秘

イエス、神の国の到来を告げる

典礼　1月、主の公現と主の洗礼の後

ヨハネ2・1－12

光の第三の神秘は、イエスの宣教です。そこでイエスは神の国の到来を告げ、回心を呼びかけ、へりくだりと信頼をもって御自分に近づいてくるすべての人の罪を赦します。キリストが世の終わりまで続けられる、憐みに満ちた奉仕の業を、キリストは特に赦しの秘跡を通して行っておられますが、これこそ、御自身が教会にゆだねられたものなのです。

（聖ヨハネ・パウロ二世「乙女マリアのロザリオ」31）

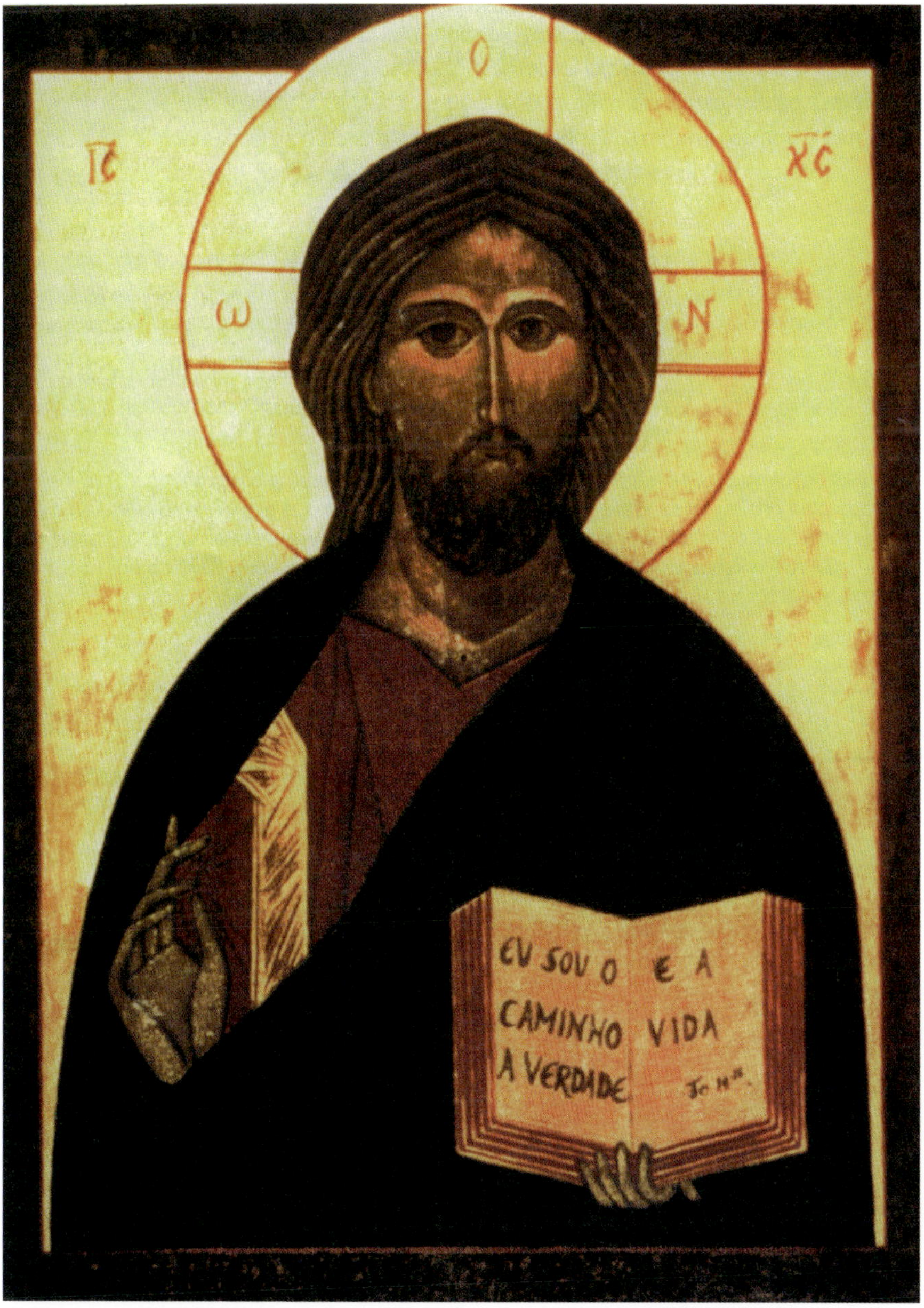

栄光のキリスト（パントクラトル）イコン　1978　32 × 24
ペトロ・パウロ労働宣教会の家　クリティバ、パラニャ州、ブラジル

教えるキリスト（ヨハネ14・5–6を聞く）

「わたしはアルファであり、オメガである」と神である主は言われます、「今おられ、かつておられ、やがて来られる方、全能者」（ギリシア語で「パントクラトル」）（黙示録1・8）です。「全能者」、または「すべてを治める方」と訳されている「パントクラトル」という言葉は豊かな意味をもっています。このイコンは「キリスト・パントクラトル」と呼ばれています。イエスは左の手で開かれている福音書を差し出します。ほとんどの場合、「わたしは道であり、真理であり、命である」（ヨハネ14・6）というイエスの言葉が記されています。

朗読

「わたしは道であり、真理であり、命である。わたしを通らなければ、だれも父のもとに行くことができない」（ヨハネ14・6）。どうして、わたしは道になるのでしょうか。「わたしを通らなければ、だれも父のもとに行くことができない」からです。どうして、わたしは真理になるのでしょうか。「子と、子が示そうと思う者のほかには、父を知る者はいない」（マタイ11・27）からです。そして真理に属さなければ、何も知ることはできません。「わたしは命である」。わたしによらなければ、命を手に入れることはできないからです。

（セニの聖ブルノ（†1123）、司教「ヨハネ福音書講解」）

また、
主、イエスよ、あなたを導き手とする人は幸せです。「あなたの民、あなたに養われる羊の群れ」（詩編79・13）であるわたしたちは、あなたの後に歩きたい、あなたの助けを受けてあなたのもとに着きたい。なぜなら、あなたは「道、真理、命」だからです。模範を残して、あなたは道です。あなたの約束を通して、あなたは真理です。あなたが命になるのは、わたしたちに報いを与えてくださるからです。「あなたは永遠の命の言葉を持っておられます」（ヨハネ6・68）。「あなたはキリスト、生ける神の子」、「万物の上におられる、永遠にほめたたえられる神」（ローマ9・5）であることをわたしたちは知って信じます。

（聖ベルナルド（†1153）、修道院院長、教会博士「主の昇天の説教」）

祈り
父よ、わたしたちはあなたに感謝します。
目に見えない神よ、イエス・キリストによってわたしたちに御顔を示してくださいました。
キリストこそ、真理です。
いのちを与える食卓を分かち合うごとに、
キリストこそ、あなたに導く光の道になるのです。

一連を唱えます。

回心を呼びかけるキリスト（マルコ1・14-15を聞く）

キリストの顔と目は、わたしたちを見ていて、信頼感を与えます。口は「わたしについて来なさい」と言っているかのように見えます。うなじまで垂れている長い髪の毛は少し耳を見せます。

朗読

回心は激しい出来事です。福音書の最初のページから、イエスはわたしたちに回心を促すのです。「回心しなさい」、すなわち、自分の人生を変えなさい。

洗礼はその激しい変化を行います。わたしたちの中に、その回心は、ある時は完全に意識的に、あるいは無意識に行われます。回心は決定的な瞬間です。その瞬間はわたしたちを自分の人生観から離し、神と向き合わせます。神がわたしたちに御自分の考えを示し、何を行うべきかを教えてくださいます。その時、わたしたちにとって、神はすべての他のことよりも、すべての存在よりも、特にわたしたちのいのちさえよりも、大切な存在になります。生ける神、わたしたちに呼びかける神、わたしたちの心に御旨を示し、「はい」、または「いいえ」と答える責任をわたしたちに任せるその神を優先させないうちは、本当の信仰にならないでしょう。この出会いでは、わたしたちは神のまばゆい光を受けているかのようです。実際に神の光を受ける前に、完全な暗闇に入るのです。真の信仰に入る前に、まずわたしたちは視力を失うのです。だから、「闇の中の光」と呼ばれる真の信仰を受け入れることは、わたしたちに抵抗があります。

（マドレーヌ・デルブレル「街角の人々と共に」）

または、

いろいろな回心がありますが、回心というのは、一つの状態から次の状態へ移ることです。あるものは終わり、または前の状態から変わり、あるものは始まり、または新しくなります。大事なのは、誰が死に、誰が生きるかです。このはかない人生の内にこそ、どちらかを決めるのです。なぜなら、永遠の報いはこの世の人生次第だからです。死、それは悪魔の業で、いのち、それは神の御業です。不正が罰せられると、正義は輝きます。古いものがなくなると、新しいものが生まれます。「だれも、二人の主人に仕えることはできない」ので、主は滅びに行く人ではなく、栄光に上げられる人の側におられます。

（聖レオ一世（†４０１）、教皇「講話」）

または、

キリスト教入門が導くのは自分を知ること、仮面を脱がせることです。人間が持っているものによる価値観から、人間の存在そのものによる価値観に移ることです。目的は回心、方向を変えます。そうすると、人は自分自身と向き合うことになります。回心は自分自身を知ることに等しく、本当に自分自身を知る核心です。回心は、人が自分と向き合って、一番大事な問いを認めることです。どうやって、わたしは神を礼拝できるのでしょうか。それは、救いに導く問いで、そのためにキリスト教入門が存在するのです。

（ヨーセフ・ラッツィンガー「カトリック神学」）

祈り

衣を裂くのではなく、お前たちの心を引き裂け。あなたたちの神、主に立ち帰れ（ヨエル2・13）。

神は悪人が死ぬのを喜ばない。

むしろ、悪人がその道から立ち帰って生きることを喜ぶ（エゼキエル33・11参照）。


一連を唱えます。

憐れみのキリスト（マルコ2・5、2・10を聞く）

はかりがたい神秘です。イエスは神の子、真の神、真の人間です。

金色の大きな後光の中に十字架の三つの枝が描かれています。その中に三つの文字（ωοη）が記されています。それは、神がシナイ山でモーセに示した御名です。「わたしはある」（出エジプト3・14）。後光の右と左にIC（イエス）XC（キリスト）と書いてあります。イエスは「神は救ってくださる」という意味で、キリストは「油注がれた者」という意味です。

朗読

一人ひとりのキリスト教徒の改悛はすべての共同体に影響を及ぼします。各自は教会の中で洗礼を通して「メタノイア」（回心）の恵みを受けるばかりではなく、教会の中で、赦しの秘跡を通して、キリストのからだの肢体でありながら罪に陥った者に、この恵みは戻され、新しい力を受けます。赦しの秘跡に与る者は、罪の赦しを受けると同時に、罪で傷つけましたが、愛のよい模範、祈りでその人の回心に協力した共同体と和解します。最後は、教会の中で、この秘跡の中で各自に与えられた小さな償いの業を通して、人はキリストの限りない贖いに与ります。そうすると、回心する人は秘跡の恵みに加えて自分の行い、苦しみ、犠牲をささげることができます。

（パウロ六世（†1978）、教皇「使徒的勧告、ペニテミニ」）

祈り

主イエス・キリストは、わたしたちの罪のために死に渡され、
わたしたちが義とされるために復活させられました。
あなたは、罪を赦す権能を使徒たちに授けるために
彼らの上に聖霊を注がれました。
主が、教会の奉仕の務めを通して、
あなたを悪から解放し、
同じ聖霊であなたを満たしますように。

一連を唱えます。

キリストの内に、憐れみと改悛が抱き合う（ルカ7・47–48を聞く）

イエスの神性を意味する赤い色の服の右肩に金色のストーラが見えます。ストーラは、永遠の大祭司、キリストのしるしであり、「知恵の師」の肩書も示します。東方の教会の解釈によると、ストーラは、失われて探しに行ったキリストの肩の上に乗せられた羊のことを象徴的に表しています。

朗読

神は「和解のために奉仕する任務をわたしたちにお授けになりました」（二コリント5・18）と言ったパウロは、今、訂正しているかのように見えます。「わたしたちは偉いと考えてはなりません、わたしたちはただの奉仕者です。神こそ、すべてを行い、御ひとり子を通して、世を御自分と和解させました」と言っているかのようです。結局、どうやって、それを行うのでしょうか。すばらしいのは、キリストはわたしたちを御自分の友にしたその事実だけではなく、それを行うキリストのやり方もすばらしいのです。どんなことでしょうか。わたしたちと友になり続けることは不可能だったので、わたしたちの罪を赦しました。そのためにパウロはこう続きます。「人々の罪の責任を問うことはなかった」。

実際、わたしたちに犯した罪の責任を問われたら、わたしたちは皆、滅びたでしょう。わたしたちが数多い罪を犯したにもかかわらず、キリストはわたしたちの罪を罰することを断念するだけではなく、わたしたちと和解します。罪を赦すだけではなく、それを考慮もしません。
(ヨハネ・クリゾストモ(†407)、司教「コリントの手紙講解」)

祈り

心優しいイエスよ、謙遜な、憐み深い主よ、
言葉の優しい方、柔和な方、
その優しさは限りなく、理解力を超えています。
イエスは心優しい、憐みに満ち、全能で、知恵に満ち、善良で、
寛大で、浪費的ではなく、非常に柔和で優しい。
あなただけが、最高の善。
あなたは人の子らのだれよりも美しい。(詩編45・3)
あなたの栄光、あなたの美しさは類なく、
すべてを超えます。
あなただけが、わたしたちのあこがれにふさわしい方です、
美しい方に美しさはふさわしい。
(聖アンセルモ)

また、
わたしの主よ、今わたしの魂はあなたの抱擁、あなたの口づけを求めます。

何も約束されなくても、あなただけを探し求めます。
あなたの慈しみと優しさに比べて、地獄も、天国も、価値がありません。
あなたに結ばれること、それはわたしの唯一の望み。
あなたは、わたしの考え、言葉、行いの唯一の対象です。

（聖アンセルモ）

一連を唱えます。

聖霊と共に、キリストは新しい創造を行う（ヨハネ20・22−23を聞く）

黒いマントから出るキリストの右の手はギリシア風の祝福のしるしを行います。指はギリシア語の四つの字の形を示します。ICXC（イクトゥス）、すなわち魚。それはイエス・キリストの一つのシンボルです。

・人差指は、まっすぐ立ち、Iを示します。
・中指は、Cをなすように曲がっています。
・薬指と親指は、合わせていて、Xの形をなします。
・小指は、Cをなすように曲がっています。

祝福のジェスチャーには、次のことを解釈することもできます。親指と小指と薬指は一つに合わさって、三位一体を示します。ほとんどまっすぐに立っている中指と人差指はイエスが真の神、真の人、その二つの本性を表します。

イエスの黒いマントはイエスが人間であることを表し、栄光の象徴である赤い衣を半分隠しています。衣はいろいろな金色の線を見せ、その栄光を強調します。

朗読

「そう言ってから、彼らに息を吹きかけて言われた。『聖霊を受けなさい』（ヨハネ20・22）。ここで、わたしたちの主が、地上におられたとき一度、そしてもう一度天に昇られた後、聖霊を与えられたことが、何を意味するかをわたしたちは探求してみなければなりません。聖霊が与えられたことがはっきり述べられているのは、今の、主が息を吹きかけて聖霊を与えられたというこの箇所と、その後、聖霊が天から来て、分かれた舌のような形で現れたという箇所の二カ所だけです。

それで、聖霊が初めに地上で弟子たちに与えられ、後に天から送られたことは、愛の掟が二つ、すなわち神に対する愛と隣人に対する愛の二つであることを意味しています。

聖霊が地上で与えられるのは、人が隣人を愛するためであり、聖霊が天から与えられるのは、人が神を愛するためなのです。それで、愛は一つでも、掟は二つあるのと同じく、聖霊は一つでも二度与えられたのです。最初に与えられたとき主は地上におられましたが、後に与えられたときは天におられました。これは人が、隣人を愛することにより、どのようにして神に対する愛にまで達しなければならないかを学ぶためでした。それで同じヨハネも「目に見える兄弟を愛さない者は、目に見えない神を愛することができない」と言っています。

（聖グレゴリオ一世（†604）、教皇、教会博士「説教」）

祈り

天の王、慰め主、まことに満つ聖霊、
すべてにいまし、すべてを満たす、
よきものに満ちみち、いのちを与えるお方、
我らの心にとどまり、
すべての汚れを清め、

我らを救ってください、
よき主、聖霊よ。

一連を唱えます。

光の第四の神秘

主の変容

典礼　8月6日と四旬節の第二日曜日
マタイ17・1－13、マルコ9・1－13、ルカ9・28－36

主の変容のイコンは、東方教会の信徒たちにとって、特別な位置を占めています。このイコンはわたしたちを「創られざる光」に導き、燃えるような黄色や赤の色調に圧倒させます。

「主の変容は優れた意味で光の秘儀だと言えます。伝承によると、主の変容はタボル山での出来事です。弟子たちは神の栄光がキリストの御顔から輝き出たのを目にして、ただ驚いていると、御父が弟子たちに『これに聞け』（ルカ9・35）と命じます。それは、弟子たちにキリストとともに受難の苦しみを味わうように準備させ、やがてはキリストとともに復活の喜びにあずかり、聖霊によって新たないのちに変えられるためでした。」

（聖ヨハネ・パウロ二世、「乙女マリアのロザリオ」２００２）

主の変容　ギリシア人のテオファノス　14 世紀末　184 × 133
トレチャコフ美術館　モスクワ、ロシア
（テオファノスは主の変容の日に生まれた人という意味）

タボル山へ登る（マタイ17・1を聞く）

イコンの左側に、イエスとその後からタボル山に登るペトロ、ヤコブ、ヨハネが小さく描かれています。イエスは愛する弟子たちの方を振り向き、右の手で行く手を指し示しています。創られざる光（変容）の証人になるためには、暗闇の世界を離れ、場所を移動しなければなりません。浄化の道を通らなければなりません。いろいろなことを断念し、犠牲にし、そして苦労しての道筋です。

朗読

この変容のおもな目的は、弟子たちが十字架につまずかないようにし、主の隠れた偉大な尊厳を示された弟子たちが、主がすすんでお受けになったみじめな苦難に直面して、心を乱されないようにすることでした。
主はまたこの変容によって、聖なる教会の希望を基礎づけることを、同様の思いやりをもって意図されました。すなわち、キリストは、そのからだである教会全体がどんな変容を与えられるはずであるかを知らせてくださいました。こうして、頭が受けた輝かしい栄光に肢体も与るであろうという希望を、キリストのからだの肢体であるわたしたちがもつようになったのです。

（聖レオ一世（†461）、教皇、教会博士「説教」63）

祈り

主よ、十字架にかけられる前に、あなたの弟子を連れて、高い山に登り、彼らの前にあなたの姿を変えました。全能であり、人間の友であるあなたは、権威の光線で彼らを照らしました。

一連を唱えます。

イエスの変容（マタイ17・2を聞く）

イコンの上の部分の中央で白い衣を着ているキリストは、輝いている光の海の中に入っているかのように見えます。この明るさはイエスの神性を示します。聖伝は一致して、弟子たちに示された光が「神の輝き」の現れであり、「この世ではない栄光」であり、創られざる聖霊の光、神の力の働きの観想であったことに一致しています。永遠性の象徴である光の三つの円の中にキリストは入っています。イエスから矢のような炎が六つと光線が三つ輝き出て、弟子たちに当たっています。いつもイコンに見えるように、イエスは右の手で祝福し、左の手で御言葉の巻物を持っています。

朗読

イエスの「顔は太陽のように輝」（マタイ17・2）いていました。イエスは真の太陽なので、なぜ、彼の顔が太陽のようになったのを聞いて驚くのでしょうか。前は雲に隠されていた太陽は、今は、雲が遠ざかって、一瞬、完全に輝いています。遠ざかっているこの雲は、何でしょうか。それは、肉ではなく、一時的に消えた肉の弱さです。

（聖ペトロ・ヴェネラビィス（†１１５６）、修道院院長「説教」）

祈り

神なるキリストよ、あなたはあの山で変容されました。
あなたは、見る力の可能な範囲で御自分の栄光を弟子たちに見せました。
神の母の執り成しによって、
罪人であるわたしたちの上にも、あなたの永遠の光を輝かせてください。
光の与え主、あなたに栄光あれ。

一連を唱えます。

モーセとエリヤ（マタイ17・3－4を聞く）

キリストの左にエリヤが立っています。昔、エリヤは「静かにささやく声が聞こえ」（列王上19・12）主と会話を交わし、そして、最後に火の馬に引かれた戦車で天に上げられました（列王下2・11）。

キリストの右には、シナイ山で神と話した（出エジプト24・12－18）モーセが立っています。神と話して、二枚の掟の板をいただいたモーセは山から下りた時に、自分の顔の肌が光を放っていました（出エジプト34・29）。

救い主の方に向いているモーセとエリヤは、律法と預言者の代表です。彼らがイエスと話しているのは、イエスがエルサレムで遂げようとしておられた最期についてです（ルカ9・31）。また、モーセは死者を表し、エリヤは生者を表しています。

イコンの上の右と左に珍しい構図があります。エリヤ、またはモーセが雲の上に、天使と一緒に描かれていることです。

朗読

モーセとエリヤが居合わせていること、そしてイエスと一緒に話し合っていることは、律法と預言者がわたしたちの主、イエス・キリストの僕であることを示しています。自分の言葉を通して、同じ証を立てることで主を明らかにします。預言者たちに告げられている方は、律法と対立していません。イエスについてこそ、聖なるモーセと一番偉い預言者、エリヤが互いに話し合っていることなのです。

（アレキサンドリアの聖チリロ（†444）、司教「主の変容」）

祈り

昔、シナイ山で、モーセに語りかけ

「わたしはある」と言った方は、

今日、弟子たちの前でタボルの山で御自分の姿を変えられます。

キリストは彼らに

清さをまとわれた人間の本来の姿を示そうとされました。

そばに、モーセとエリヤを呼んで

彼らをこの出来事の証人にし、

御自分の死と復活を告げ知らせた二人を、

御自分の喜びに与らせます。

一連を唱えます。

御父の証、弟子たちの証（マタイ17・5−8を聞く）

ヨルダン川のイエスの洗礼と同じように、主の変容の時も、御父の声が聞こえます。「これはわたしの愛する子、わたしの心に適う者、これに聞け」。愛に満たされている御父の権威がこの言葉を通して感じられます。ここは、ゴルゴタの丘に上がる前に、御父は御子に栄光を与える一方、同時に聖三位一体の栄光ある現れでもあります。すなわち、御父の声と光輝く雲と御子とは一致しています。イコンの下の方に、左から、ペトロとヨハネとヤコブがいます。彼らは怯えて、自分の顔を覆い隠そうとしています。

・ペトロはひざまずいて、左の手で、光から身を守ります。
・真ん中のヨハネは光に背を向けています。
・ヤコブも光に背を向け、左の手で自分の顔を守ります。

動揺している三人の弟子の姿勢は、上にいるエリヤ、イエスとモーセの姿勢と対照をなします。

朗読

ペトロは、イエスとその僕たちのために、仮小屋を三つ建てるように考えた時に、自分でも何を言っていたのか、わかりませんでした。その後、変容した主の輝かしい光に耐えることができなくて、地面に倒れました。「雷の子ら」ヤコブとヨハネも地面に倒れました。雲が彼らを覆いました。そしてイエスが近寄り、彼らに手を触れ、恐れることなく起きるように、と言うまで、彼らは立ち上がることができませんでした。

彼らは隠されて秘められていたことを知るために、雲の中に入って、神の声を聴きました。「これはわたしの愛する子、わたしの心に適う者。これに聞け」（マタイ17・5）。「これはわたしの愛する子」というのは、シモンよ、誤解しないでください。神の子とその僕たちに同じ扱いをしないでください。モーセは海を分けたとしても、エリヤは天を閉ざしたとしても、わたしの子になるのは、モーセではなく、エリヤでもない、イエスだけです。神の御言葉によって、モーセとエリヤ二人とも、自然の力を支配しましたが、彼らは道具として、それを行いました。実際は、海を陸に変え、天を乾かして、決めた時に雨を降らせたのは、神です。


（聖アンブロジオ（†397）、「詩編講解」）

祈り

十字架の苦しみを受ける前に、主よ、あなたの栄光の姿を現しました。

御父はあなたについて証しした時、山が天となり、雲があなたを覆いました。

後に、ユダの裏切りのとき、あなたの側にいた
ペトロとヤコブとヨハネの三人は、今も、あなたの側にいます。

受難に直面するとき、おじけませんように、彼らは、いま、変容のすばらしさを観想しています。

主よ、あなたの大いなるあわれみによって、わたしたちがあなたの受難を礼拝するのにふさわしい者となれますように。


一連を唱えます。

タボル山を下りる（マタイ17・9—13を聞く）

イコンの中ほどの右に、タボル山を弟子たちの先頭に立って下りるイエスの姿が見えます。イエスは三人の弟子に、復活するまでその出来事について話さないようにと命じます。そして、イエスは、洗礼者ヨハネの到来、それは約束された「すべてを元どおりにする」エリヤの到来だと明らかにします。

朗読

「一同は山を下りるとき、イエスは、『人の子が死者の中から復活するまで、今見たことをだれにも話してはならない』と弟子たちに命じられた」（マタイ17・9）。なぜそう命じられたのでしょうか。理由は三つあります。まず、もし、キリストの権威と栄光が皆に明らかになったとしたら、それはイエスの受難とわたしたちの救いの業を妨げたでしょう。使徒パウロはこう言います。「この世の支配者たちはだれ一人、この知恵を理解しませんでした。もし理解していたら、栄光の主を十字架につけはしなかったでしょう」（一コリント2・8）。

第二の理由は、もし、すべての人が主の変容を知っていたら、彼は本当のからだではなく、外観的なからだを持っていると信じたでしょう。しかし、本当に起こった受難の後では、変容のことを話すことは妨げなくてもいいことでした。

最後は、イエスはわたしたちに模範を残したかったのです。その模範を見て、わたしたちは自分の中で美徳や誇れることがあっても、生きている間に知らせてはならないということです。もし誰かがそれを見つけたら、その人に秘密を守るように、要求しなければならないのです。

（ラウル・アルデンテ（†1200）、説教者）

祈り

わたしたちの神キリストよ、あなたはタボル山で変容されました。
下山しながら弟子たちは、あなたの栄光を観想し続けていました。
やがて、十字架につけられるのを見たとき、
あなたの受難は自ら望まれたものであることを悟り、
あなたがまことに御父の輝きであることを
世に告げ知らせることができるために。

一連を唱えます。

光の第五の神秘

最後の晩餐

典礼　聖木曜日

一コリント11・23－26、ヨハネ13・1－30

聖体において、キリストはパンとぶどう酒のしるしによって、御自身のからだと血を食物として与えられます。人類に対する御自分の愛を「この上なく」証しされるのです。

（聖ヨハネ・パウロ二世、「乙女マリアのロザリオ」31）

最後の晩餐、洗足　イコン（細密画）　15 世紀　ノヴゴロド派　ノヴゴロド、ロシア

過越の食事の用意（マルコ14・12–16を聞く）

ユダヤ人の過越祭はエジプトの奴隷の状態からの解放を祝っています。毎年、その出来事は祝祭的な夕食の中で記念され、律法によって示された通り、過越の小羊はそのとき食べられていきます。

朗読

ヨハネの福音書が教えている通り、過越祭の五日前に、イエスは御自分が屠られた、世の罪を取り除くまことの小羊であることを示すために神殿に来ることを望みました。なぜなら、小羊が屠られたことによって、イスラエルの民は奴隷の状態から解放されたからです。そのために、過越祭の五日前に、すなわち、その月の十日目に、小羊は選ばれること、そして十四日目に屠られることが定められていました。この小羊は御自分の血によってわたしたちを贖うべきかたの前表でした。ですから、過越祭の五日前に、すなわち今日、大勢の人の喜びの叫びとほまれに包まれて、イエスは神の神殿に入られました。

（聖ベダ・ヴェネラビリス（673–735）、司祭、教会博士「説教」11・3）

または、

旧約の聖なる儀式はすべて、キリストが弟子たちに御自分のからだになるパンと御自分の血になるぶどう酒を与えたその時、完全に成就しました。キリストがそうしたのは、弟子たちは聖なる神秘の祝祭の中でそれを奉げ、そして罪の赦しになる糧として信徒に分け与えるためです。

（聖アウグスティヌス（354－430）、司教、教会博士「説教」143）

祈り

すべての時代で、おのおののユダヤ人は自分自身がエジプトから脱出した者と見なさなければなりません。モーセ五書にこう書いてあります。「あなたはこの日、自分の子供に告げなければならない。『これは、わたしがエジプトから出たとき、主がわたしのために行われたことのゆえである』と」（出エジプト13・8）。神はわたしたちの祖先だけではなく、彼らと共にわたしたちも救ってくださいました。モーセ五書にこう書いてあります。「我々をそこから導き出し、我々の先祖に誓われたこの土地に導き入れ、それを我々に与えられた」（申命記6・23）。

（過越のセデル）

一連を唱えます。

エウカリスチアの制定（一コリント11・23–26を聞く）

137頁の左側のイコンは主と弟子たちが食卓を囲む様子を見せます。毎年行われる過越の食卓です。ユダヤ人の祈り「ベラカー」、すなわち、エウカリスチア、または感謝の祈りは、初代教会では、「パンを裂くこと」と呼ばれていました。

朗読

「このパンを食べこの杯を飲むごとに、わたしの記念としてこのように行いなさい」（一コリント11・24、26）。だから、キリストは祭壇の上に現存しています。死刑の宣告を受けたキリストです。パンとぶどう酒をいただくと、キリストをいただきます。あの夜、パンと杯を弟子たちに渡した方は、今日もそれを聖なるものにします。供えられた物をキリストのからだと血にするのは、人間ではなく、わたしたちのために十字架につけられたキリスト御自身です。キリストの姿を表している司祭が言葉を述べますが、その効力と恵みは神からのものです。

（聖アウグスティヌス（354–430）、司教、教会博士「説教」143）

または、

わたしたちは、これを普通のパン、普通の飲み物としていただくのではありません。わたしたちの救い主イエス・キリストは神の御言葉によって肉となり、わたしたちの救いのために肉と血とをもたれましたが、それと同様に、主御自身に由来する祈りの言葉によって感謝して奉げられたこの食物も、肉となったあのイエスの肉と血であることをわたしたちは教えられているのです。この食物の摂取によって、わたしたちの肉と血が養われるのです。

（聖ユスチノ（１００－１６５）、殉教者）

祈り

すなわち最後の晩餐の死に当たりて、主は兄弟らと共に食卓を囲み、
旧約の則（のり）にしたがいて過越を食し、
このとき、御手ずから御身を十二使徒に分かち給えり。

人となり給える御言葉はまことのパンを御肉となし、
ぶどう酒は実に御血と変われり、五感はこれを測り得されども、
まことなる心は信仰のみによりて、固く信ずるなり。

かくも尊き秘蹟をば、われら伏して拝み奉らん。
いにしえの式は過ぎ去りて、新しき祭りはなれり。
ねがわくは信仰の、わが五感の足らざるところを補えよかし。（聖トマス・アクィナス）

一連を唱えます。

イエスはユダの裏切りを予告する（ヨハネ13・21–25を聞く）

同じイコンでは、愛されていた弟子ヨハネが、イエスの胸もとに寄りかかると同時に、同じく愛されているユダは手で鉢に食べ物を浸しています（マタイ26・23）。他の弟子たちはいぶかしげなまなざしでそれを見ています。

朗読

わたしたちに対する御父の愛にはどんな証拠があるでしょうか。それは、御父は御ひとり子をわたしたちに遣わして、その御子はわたしたちのために死んだということです。使徒パウロはこう言っています。「わたしたちすべてのために、その御子をさえ惜しまず死に渡された方は、御子と一緒にすべてのものをわたしたちに賜らないはずがありましょうか」（ローマ8・32）。見てください、御父はキリストをわたしたちに渡します。ユダも彼を引き渡します。二つとも、同じことではないでしょうか。ユダはもちろん、裏切者ですが、父である神は同じく裏切者でしょうか。とんでもないとあなたは言うでしょう。しかし、それを言うのは、わたしではなく、使徒パウロ自身です。神は「わたしたちすべてのために、その御子をさえ惜しまず死に渡された」（ローマ8・32）。御父は御子を渡します。御子は御自分を渡します。ユダは何をするでしょうか。御父と御子の行為は、ユダと同じ行為です。御子を引き渡す御父と御自身を渡す御子と、自分の師を渡す弟子のユダとはどう違うのでしょうか。違いはここです。御父と御子は愛のためにそれを行いますが、ユダの行為は裏切りです。どんな心、どんな意図をもってそれを行うかを考えなければならないということがわかるでしょう。ある行為で、ユダがすることを、御父もそれをなさるのに、わたしたちは御父をほめたたえ、ユダを嫌います。なぜ、わたしたちは御父をたたえるのに、ユダを憎むのですか。わたしたちは愛をたたえて、悪を憎むからです。キリストが死に渡されたことで、人間はなんという大きな利益を得たでしょう。ユダがキリストを渡した時に、それを考えたのでしょうか。神は、わたしたちを贖った時に、わたしたちの救いを心がけていましたが、ユダは主を裏切ることで、その代金を取ろうとしていました。御ひとり子はわたしたちのために払う身代金を心がけていましたが、ユダは主を裏切ってその代金を取ろうとしていました。狙っていることが違うので、行為そのものも違うことになります。

（聖アウグスティヌス（354-430）、司教、教会博士「ヨハネの手紙についての講話」）

祈り

ユダよ、金に執着していたあなたは、なぜ清貧を促す方の後に従ったのですか。
あなたの師と主である方を愛していたなら、なぜ貴重きわまりない彼を売ったのですか。
金銭に執着するため、あなたの師に対して陰謀を企て、
裏切りの考えを抱くと、光の外に陥る結果となり、
暗闇に入り、その裏切りを図りました。

一連を唱えます。

洗足（ヨハネ13・3－5を聞く）

137頁の右側のイコンは、「夕食のとき」（ヨハネ13・2）行われた洗足の様子を見せます。弟子たちがサンダルを脱ぐ間に、イエスは上着を脱いで、手ぬぐいを取って腰にまといます。洗礼の水がわたしたちに聖霊を示すように、主によって注がれる清めの水は弟子たちを照らします。

朗読

人間性のすべての特徴を受け取った主は、僕の身分を身に帯びました。受肉した神の特有なやり方で、「食事の席から立ち上がっ」（ヨハネ13・4）たときに、それを表しました。空の下の創られたものをすべて養う方は御自分の弟子と共に食事をしました。主が奴隷と共に、知恵の源が無知な人の真ん中に、御言葉が無学な人の間に、知性を創った方が文字の読めない人と一緒に。すべてのものに糧を与える方は弟子たちと同じ食卓を囲み、宇宙のすべてのものに食物を豊かに与える方は、御自分も食物をいただきます。

福音書はこう言います。イエスは「席から立ち上がった」。栄えと輝きをまとう（詩編104・1）方は僕の衣を着、天を雲で覆う方は自分の腰に手ぬぐいをまとい、湖や川の水を流す方はたらいに水をくみます。天にも、地上にも、地下にもその方の御名にひざまずくのに、彼は今ひざまずいて、弟子たちの足を洗います。

（ガバラのセヴェリアノ（†408）、司教「洗足についての説教」）

祈り

天の激しい水を引き止める神の知恵である方は、
深淵を支配する方、
荒れ狂う海を治める方は、
今日たらいに水をくみ、
師はその弟子たちの足を洗います。

一連を唱えます。

洗足——イエスとペトロ（ヨハネ13・6–10を聞く）

イコンでは、ペトロは驚きを表しています。なぜなら、異邦人の奴隷が行うべき務めをその師である主が行うからです。ペトロは左手で自分の足を、右手で自分の頭を指して、こう言っていることを明示します。「主よ、足だけでなく、手も頭も」。居合わせている他の弟子たちは、ある者はその出来事について議論し、ある者は素直に頷いているということが見えます。

朗読

「主よ、あなたがわたしの足を洗ってくださるのですか。……わたしの足など、決して洗わないでください」（ヨハネ13・6、8）。ペトロの話し方はとても率直です。彼の判断は正しかったのですが、神の考え方を理解できなかったので、自分の信条のために拒みました。しかし、その後、喜んで屈します。実のところ、キリスト教徒は皆、同じ態度を示すべきです。自分の考え方に固執することなく、神の御心に応じなければなりません。実際は、ペトロは自分の人間的な感情を言い表してから、神の愛のために後悔します。

救い主は、ペトロの心のねばり強い、頑固な抵抗を見て、言われました。「もしわたしがあなたを洗わないなら、あなたはわたしと何のかかわりもないことになる」（ヨハネ13・8）。事態は重大になったこと、そしてどうやって救い主が彼の抵抗を打ち破ったのか、注意深く考慮してください。主の答えも率直で厳しい語調で彼を従わせます。

神の意志が人間の頑固さに打ち勝つために、主はペトロを御自分の仲間から外すと言っています。それを聞くと、善良で、すばらしい人で、自分の感情を出すのが早いペトロでしたが、後悔を言い表すにも早かったのです。自分に言われた言葉の厳しさを受け入れ、徹底的な後悔を見せて言いました。「主よ、足だけでなく、手も頭も」（ヨハネ13・9）、完全にわたしを清め洗ってください、そうすれば、わたしは「わたしを洗ってください、雪よりも白くなるように」と、ダビデのように叫びます。しかし、救い主は彼に答えました。「既に体を洗った者は、全身が清いのだから、足だけ洗えばよい」（ヨハネ13・10）。

（ガバラのセヴェリアノ（†４０８）、司教「洗足についての説教」）

または、

なぜ、イエスは足だけを洗うのでしょうか。それは、将来弟子たちがすることになる旅のためです。足を洗うことで、足をきれいにするだけではなく、その足に力を与えます。何世紀も前、イザヤはそのすばらしい洗足を預言しました。それは身体の浄めではなく、神からの清めであることを見分けて、声を響かせて預言しました。「いかに美しいことか。山々を行き巡り、良い知らせを伝える者の足は」（イザヤ52・7）。救い主が、足を触れるのは、全世界を巡り歩くことになっているその足に力を与えるためです。

（ガバラのセヴェリアノ（†４０８）、司教「洗足についての説教」）

祈り

キリストよ、あなたは御自分以外に、弟子たちの足を洗える者はいないことをよくご存知でした。足が洗われたことによって、弟子たちはあなたと深い関わりをもつようになります。

あなたは御父に導かれ、生きている道であり、
あなたから足を洗っていただいた者だけが、あなたと共に歩むことができます。

一連を唱えます。

苦しみの第一の神秘

ゲツセマネのイエスの祈りと苦しみ

典礼　聖金曜日

マタイ26・36－46、マルコ14・32－42、ルカ22・39－46

ゲツセマネのイエス　フラ・アンジェリコ（部分）1400-1455年
聖マルコ修道院、フィレンツェ、イタリア

ゲツセマネへの道（マタイ26・36―37を聞く）

この絵は、イエスがペトロ、ヤコブ、ヨハネと一緒にオリーブの山にいる場面です（ルカ22・39）。この場所は、キドロンの谷のそばで、エルサレムの城壁の東の壁の向こう側にあります。イエスは弟子たちから少し離れて、自分の祈る姿を見るように頼みます。三人にとって、それは新しい祈りの姿です。なぜなら、一人になったイエスは悲しみもだえ始められたからです。

朗読

この巡礼の旅路にあるわたしたちの人生は、試みを受けざるをえないのです。わたしたちは試みを経て進歩し、また、試みられなければ、誰も自分のことがわからず、戦わなければ、勝つことができず、敵をもたず、試練を受けなければ、戦うことができないからです。

したがって、地の果てまで諸々の国から叫んでいるこの人は、心が挫けていますが、見捨てられているのではありません。なぜなら、主はかつて死に、復活し、天に昇られた御自分のあのからだにおいても、御自分のからだとされたわたしたちのありさまを前もって表してくださったからです。それは、頭であるキリストがあらかじめ行かれたところへ、わたしたちも後から行くことができるという確信を、与えるためでした。

（聖アウグスティヌス（†430）、司教「詩編講解」）

祈り

この夜、眠ることのない方が祈っておられます。
御父に向かって、こい願います。
死の杯が御自分の前を通り過ぎるように、と。

一連を唱えます。

イエスの第一の祈りと弟子たちへの第一の呼びかけ（マタイ26・38–39を聞く）

山の上で御自分の栄光を見た三人の弟子たちの前に、イエスは自分の苦しみを隠されません。詩編42・6の言葉を自分のものにします。

「なぜうなだれるのか、わたしの魂よ、なぜ呻くのか」。

そして、わたしたちがゲッセマネにおいて目覚めるように促します。目覚めるという姿勢はいつもあるべき姿勢です。

「何を守るよりも、自分の心を守れ。そこに命の源がある」（箴言4・23）。

絵は、イエスと弟子たちの間の距離を見せます。イエスは一度目、御父に向かってこい願います。その祈りは、イエスが来ようとしている苦しみから逃れる望みを表します。同時に、御父の御旨に御自分をゆだねることを宣言します。

朗読

「父よ、御心なら、この杯をわたしから取りのけてください」（ルカ22・42）。この言葉に基づいて、大勢の人が主の悲しみが一時的なものではなく、主の弱さの現れと見ています。この人たちは、その言葉の本当の意味を理解していないのです。わたしとしては、この言葉を語ったキリストを弁解する必要はありません。逆に、ここは、キリストの愛情と偉大さを見出します。
キリストはわたしの弱さを引き受けたからこそ、受難がわたしにとって、有益なものとなりました。キリストは、御自分には嘆く理由がなく、わたしのために嘆きます。神性を捨てて、わたしの弱さの疲れを身に受けました。わたしの淋しさを引き受け、御自分の喜びをわたしに与えました。

（聖アンブロジオ（†397）、司教「ルカ福音書講解」）

または、
神から頂いたものを見て、人間は言います。「主はわたしに報いてくださった。わたしはどのように答えようか」（詩編116・12）。
どうやってお返しできるのかを探して言います。「救いの杯をいただきます」（詩編116・13）。何の杯でしょうか。苦いと同時に救いをもたらす苦難の杯です。医者が先にこの杯を飲み干さなかったら、病人はそれに触れることを恐れたことでしょう。救いの杯は、この杯です。キリストはこの杯について語り、「父よ、できることなら、この杯をわたしから過ぎ去らせてください」と言われました。殉教者たちはこの杯について、「救いの杯をいただき、主の名を呼びます」と言ったのです。
苦難にあたって転んでしまうことを心配するのですか。殉教者は「心配しません」と答えます。なぜでしょうか。「主の名を呼ぶ」からです。もし、「喜びなさい。わたしはすでに世に勝っている」と言われたキリストが殉教者たちのうちにあって勝っていてくださらなければ、殉教者は勝つことができなかったでしょう。

（聖アウグスティヌス（†430）、司教「説教」329）

祈り

友よ、と主は弟子たちに言われました。

目覚めていなさい、そしてわたしから離れないでください。

一連を唱えます。

イエスの第二の祈りと弟子たちへの第二の呼びかけ（マタイ26・40－42を聞く）

絵の上の方に、ひざまずいているイエスの姿がみとめられます。イエスの目の前に岩が立っています。イエスの前と後ろに、青々とした庭が広がっています。このスペースは復活の庭を連想させます。イエスは同じ祈りを繰り返します。「父よ、わたしが飲まないかぎりこの杯が過ぎ去らないのでしたら、あなたの御心が行われますように」。天使が天から現れて、イエスを力づけました。イエスと弟子たちの間の距離は彼らを分離するものを表しています。それは受難と死に直面する人の孤独です。

朗読

弟子たちは眠っています。目の前にキリストが彼らのために苦しんでおられるのに、それを無視して寝ています。わたしたちは、それを聖書で読みます。「彼が担ったのはわたしたちの病、彼が負ったのはわたしたちの痛みであった」（イザヤ53・4）。主よ、あなたが苦しんでいるのは、御自分の傷によってではなく、わたしたちの傷によってです。御自分の死についてではなく、わたしたちの病についてです。わたしたちは、あなたを苦しみに満ちている人として見ていますが、あなたがそれを受けているのは、御自分の罪ではなく、わたしたちの罪のためです。「彼が打ち砕かれたのは、わたしたちの咎のためであった」。この苦しみは御父から来たのではなく、わたしたちのために引き受けたのです。なぜなら「彼の受けた懲らしめによって、わたしたちに平和が与えられ、彼の受けた傷によって、わたしたちはいやされた」からです。

（聖アンブロジオ（†397）、司教「ルカ福音書講解」）

祈り

祈りのさなかで、イエスは悲しみもだえ、御使いが天から現れて彼を力づけました。彼は、わたしたちと同じからだを引き受け、わたしたちと同じように感じました。

一連を唱えます。

イエスの第三の祈り（マタイ26・43－44を聞く）

もう一度、イエスは弟子たちのところに戻って、御覧になると、彼らは眠っています、彼らのまぶたが眠りで重かったのです。その重さは、絵に見事に表現されています。ヤコブ、ヨハネとペトロは手で自分の頭を支えています。この眠りは雅歌の眠りとは違います。「眠っていても、わたしの心は目覚めていました」（雅歌５・２）。使徒たちは神秘のうわべにとどまっていて、イエスとその父の間の感動的な対話を理解しませんでした。「父よ、わたしが飲まないかぎりこの杯が過ぎ去らないのでしたら、あなたの御心が行われますように」。

朗読

勇者と預言者は、「父よ、できることなら、この杯をわたしから過ぎ去らせてください」（マタイ26・39）というイエスの言葉に弱者が死に直面するときの恐れという意味を与えてはいけません。救い主は受難が延期されるということを頼んでいるのではありません。逆に、生まれる前から、人間の救いをめがけて、その杯を飲む時が近づくことを切に望んでいたので、長い間望んでいたことが早く成し遂げられるように、願っています。彼は御自分の受難と死が延期されることではなく、早まることを頼んでいます。

この杯はとても苦いのですが、イエスは従順な子として、それを受け入れます。

「しかし、わたしの願いどおりではなく、御心のままに」。御父の御旨であれば、事の遅れも受け入れて、御自分を捧げるのです。

（カプアの福者ライモンド（†1399）、「シエナの聖カタリナの生涯」）

祈り

わたしの魂よ、あなたは眠っています。目覚めていなさい。
なぜなら、万物の終わりが迫っています。
茫然自失の状態から抜けだしなさい。
そうすれば、キリストは慈しみをあなたに示します。
キリストはどこにでもいて、すべてを満たします。

一連を唱えます。

イエスは祈りから立ち上がる（マタイ26・45–46を聞く）

もう一度、イエスは眠っている弟子たちに近づきます。今、時が来ました。イエスは一人で、苦しみと死に立ち向かおうとしています。しかし、弟子たちがまだ眠りに身を委ねていることは、イエスを見捨てることを意味します。

朗読

聖書はイエスの勇気を示します。イエスは御自分を探す者を迎えに出、恐れを抱く者を励まし、刃向かう者に先に声をかけ、御自分を裏切る者の接吻を静かに受けます。

同時に、御自分を苦しめた者のために悲しみました。なぜなら、彼らはその冒瀆行為の報いを受けなければならないからです。「この杯をわたしから過ぎ去らせてください」とイエスが言ったのは、死を恐れたためではなく、悪者の破滅を引き起こさないためでした。そのため、こう付け加えます。「主よ、この罪を彼らに負わせないでください」。受難はすべての人に救いをもたらすためでした。

（聖アンブロジオ（†３９７）、司教「ルカ福音書講解」）

祈り
人の子が罪人の手に渡される
その時まで、
目覚めて祈りましょう。

一連を唱えます。

苦しみの第二の神秘

イエス、鞭打たれる

典礼　聖金曜日

マタイ26・36－46、マルコ14・32－42、ルカ22・39－46

ここに載っているイコンは、聖なるマンディリオン（ハンカチという意味）の模写です。

このハンカチにキリストの顔が模写されたものです。教会の伝承によると、ヴェロニカという婦人が御自分の十字架を担ったイエスに近寄って顔の汗を拭ったハンカチです。キリストの顔に当てられたハンカチにキリストの顔が現れたと言われています。

キリストの顔を拭いたヴェロニカの伝承は信じなければならないことではありません。伝承というのは、古くから一つの知識や一つの出来事が、手から手に伝えたかのようにわたしたちにまで届いたものです。

「地方教会では時とともに、神学、おきて、典礼、あるいは信心上の『諸伝承』が生まれました。これらと上述の聖伝とは区別されなければなりません。諸伝承は、個々の様式を持っているので、その中から、異なる場所、異なる時代にも適応した表現を大伝承（聖伝）が受け取ります。そしてその大伝承に照らされて、教会の教導権の指導のもとで、諸伝承は維持されたり、修正または放棄されたりするのです」。（『カトリック教会のカテキズム』83）

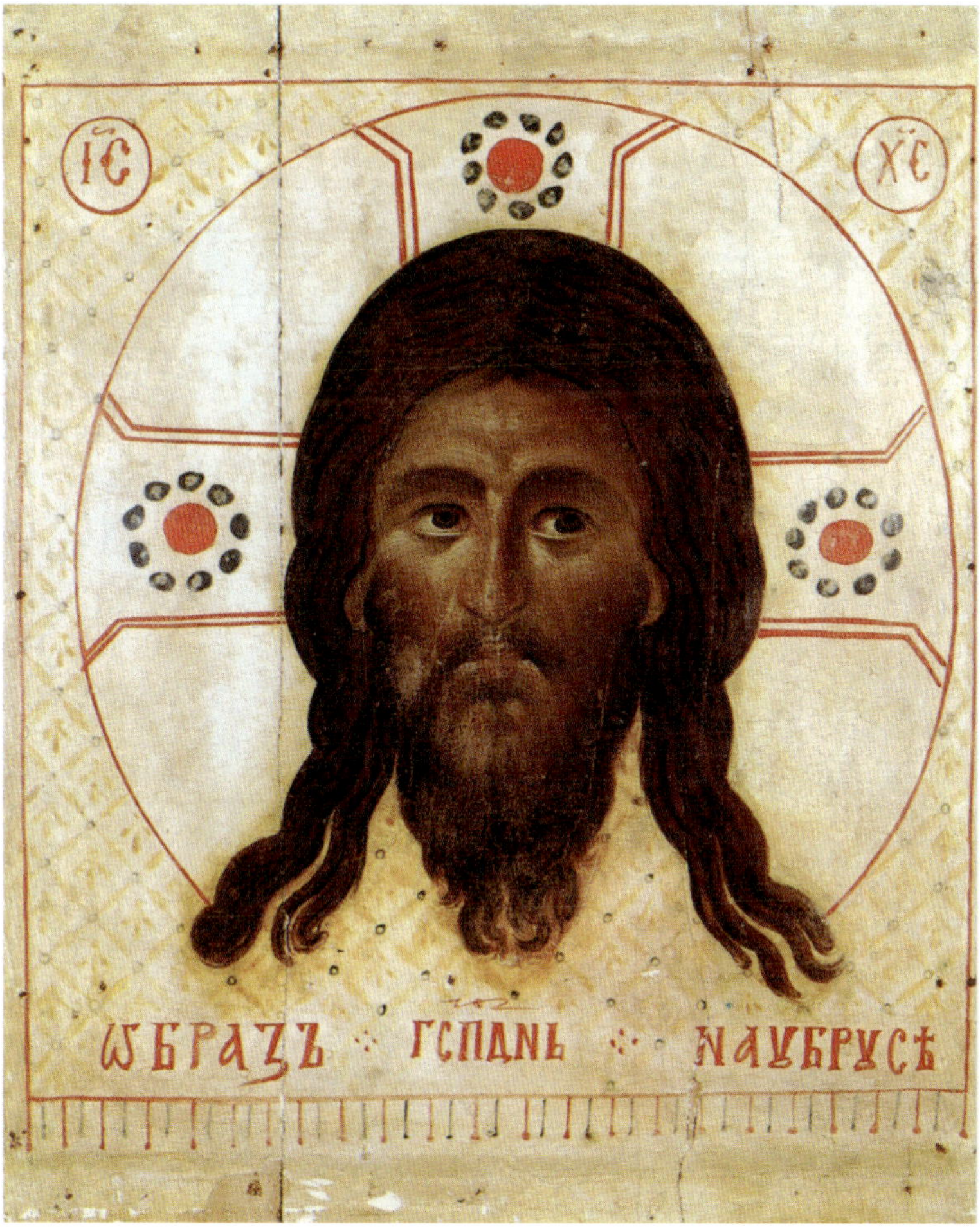

わたしたちの主イエス・キリストの御顔　トロワのヤコブ
1200年頃　リヨン、フランス

神の僕は抵抗しない（イザヤ50・5−6を聞く）

わたしたちの前にあるのは「人の手によらない絵」です。下にある文字は、スラヴ語で、「マンディリオンに映された救い主の絵」と書いてあります。

キリストは人間の面影がなくなるほど、迫害を受けましたが、こうしてすべての人の救い主として現れたのです。

朗読

救い主が預言者を通して語られていることを聞きましょう。「そして、ほふられに行くやさしい羊のような私は、私にむかって、はかりごとがめぐらされているのを、知らなかった。かれらはこういっていた、『あのしげった木を、打ちたおそう、かれらの名を、ふたたび、思いだすことがないように、生きるものの地から、引きぬこう』」（エレミヤ11・19）。

イザヤも、キリストについて「屠り場に引かれる小羊のように、彼は口を開かなかった」と言います（イザヤ53・7）。ここでは、イザヤがキリストについて話しますが、エレミヤの場合は、キリスト自身が御自分について語っています。「わたしは、飼いならされた小羊が屠り場に引かれて行くように、何も知らなかった」。悪を、または善を知らなかった、罪や不正を知らなかった、と書いていません。ただ、「何も知らなかった」。

パウロはこう記しています。「罪と何のかかわりもない方を、神はわたしたちのために罪となさいました」（二コリント5・21）。

（オリゲネス（†255）、司祭「エレミヤ書講解」）

祈り

主よ、偽りに満ちている敵の支配下にいたあなたの嗣業を、あなたは義とされ、あなたの平和で強め、あなたの顔の光で照らされました。

一連を唱えます。

神の僕の苦しみは、イエスの栄光の道（イザヤ52・13−15を聞く）

マンディリオンはキリストの頭だけが現れています。首も見えません。この絵は、髪の毛と髭を含めて、顔は左右対称的です。

開かれている目は人の心とはらわたとを調べる慈しみ深い神のまなざしです。真実に満ちているこのまなざしの前に立つ人は、鏡のように、自分の本当の姿を見ます。

朗読

主の声に耳を傾け、栄光で輝いている御顔を仰ぎ見なさい。そうすれば、あなたは太陽のように輝くでしょう。なぜなら、顔を見て、その人を認めるからです。主を認めなさい、そうすれば、あなたはその輝きを受けるでしょう。今、あなたは信じますが、その時、彼を自分の目で見るでしょう。今、あなたは知性で理解していますが、その時、完全に知られているでしょう。今、見ているのは、ぼんやりと鏡に映っているものですが、その時に、顔と顔を合わせて見るのです。永遠の太陽である主の輝きを受けて、あなたは彼をありのままに見、喜びがあなたを照らすでしょう。主の御顔のあまりの強い輝きで、預言者の祈りがかなえられるでしょう。「御顔の輝きを、わたしたちに向けてください」（詩編67・2）。

（聖ペトロ・ヴェネラビリス（†１１５６）、修道院院長「説教」）

祈り

人の手で作られた一つのハンカチの上に、
宇宙の造り主、わたしのキリストよ、
人の手で作られていないあなたの顔が映されました。

一連を唱えます。

神の僕、イエスが侮辱を受ける（ルカ22・63−65を聞く）

白い布の上のキリストの顔は、大きな後光に取り囲まれています。その後光は赤い点で飾られ、十字架の形にもなっています。赤い点は三つ見えますが、四番目は髭に隠されています。それは、モーセに啓示された、四つの文字の神の御名を表しています。

朗読

預言者たちは一つになって、主に尋ねました。「あなたのからだにある傷は、なんですか」（ゼカリヤ13・6）。なぜ、受難の苦しみはあなたに当たったのでしょうか。主は答えました。わたしはぶどうの木をエジプトから移し、紅海を渡らせ、石垣を巡らし、割礼でそのぶどう畑を守り、律法と預言者がぶどう畑を保護しました。「わたしは良いぶどうが実るのを待ったのに、酸っぱいぶどうが実ったのだ。わたしは正義を待ったのに、流血が現れたのだ」（イザヤ5・4−7参照）。「死人のうちに放たれて、墓に横たわるものとなりました」（詩編88・6）。

（コンスタンチノープルの聖プロクロ（†446）、司教「説教」）

または、

「わたしたちの神は来られる、黙してはおられない」（詩編50・3）。「黙してはおられない」とは、どういう意味でしょうか、それは初めに黙しておられたからです。どこで黙しておられたのでしょうか。彼が裁かれた時です。それは「屠り場に引かれる小羊のように、毛を切る者の前に物を言わない羊のように、彼は口を開かなかった」（イザヤ53・7）と預言者が預言していたことがまた成就されるためでした。

したがって、もし彼が苦しみを受けるのを望まなかったら、彼は苦しみを受けなかったなら、彼の血は流されなかったでしょう。彼の血が流されなかったなら、世は救われなかったでしょう。苦しみを受けなかったでしょう。苦しみを受けなかったなら、

それだから、彼の神性がもっている権能と彼の弱さがもっている慈悲とに感謝しましょう。

（聖アウグスティヌス（†430）、司教、教会博士「ヨハネ福音書講解」）

祈り

今日、神性は
人間性をしみ込ませます。
人々は神の刻印を押されたように、
神の美しさで飾られるためです。（聖エフレム）

一連を唱えます。

イエスの代わりにバラバが解放される（マタイ27・24－26を聞く）

後光の両側に記されている文字は、いつもキリストの頭の右か左に付いています。それは、ギリシア語で「イエス・キリスト」の頭文字であり、御言葉の内に、神性と人間性が一致することを示しています。
まことに、キリストのイコンは、受肉したキリスト、人の子になった神の子をわたしたちに見せてくれます。

朗読

永遠に生きている神が来られたのは、御自分を救うためではなく、死んでいたわたしたちを解放するためです。苦しんだのは、御自分のためではなく、わたしたちのためです。わたしたちの弱さや貧しさを身に受けて、御自分の豊かさでわたしたちを満たします。彼の受難は、わたしたちを苦しみから守り、彼の死は、わたしたちに不死を与え、彼の涙はわたしたちを喜ばせ、彼が葬られたことにより、わたしたちを復活させます。「彼らのために、わたしは自分自身をささげます。彼らも、真理によってささげられた者となるためです」（ヨハネ17・19）。彼の傷は、わたしたちをいやし、「彼の受けた傷によって、わたしたちはいやされた」（イザヤ53・5、一ペトロ2・24）。彼の受けた懲らしめはわたしたちに平和を与えます。「彼の受けた懲らしめによって、わたしたちに平和が与えられ」（イザヤ53・5）ます。彼が懲らしめを受けたおかげで、わたしたちは平和を味わえるのです。

（聖アタナシオ（†373）、司教、教会博士「受肉」）

または、

罪なく義人であり、まさに無垢そのもの、正義そのものでおられるお方が、罪人のひとりに数えられておられます。真理であられるお方が、偽の証言に圧せられておられます。自ら裁きたもうお方が、今は裁かれておられます。神の御言葉は、今は言葉なくいけにえとして引かれていきます。そしてまた、主が十字架につけられた時に、星たちは混乱し、地、水、火、風が乱れ合い、地が震動し、夜が日を閉じた際にも、主は一言も語らず、身じろぎもされず、自らの権能を、その御受難の時にさえ示そうとはされませんでした。キリストにおいて忍耐がことごとく完全に成就するように、彼はすべてを終わりまで、辛抱強く、間断なく耐え忍ばれたのです。

（聖チプリアノ（†２５８）、司教、教会博士「講話」）

祈り

兄弟たち、主の顔を避けて、どこに逃れましょう。天に昇っても、そこにおられ、死の国に下っても、そこにもおられます。海の果てまで行っても、その手から逃れることはできません。主の右手がわたしたちの魂もからだも握ります。彼に逆らうことも、その顔から逃れることもできないので、わたしたちのために僕の姿を受け取った主の手にわたしたちを主の僕として、ゆだねましょう。（新神学者聖シメオン）

一連を唱えます。

世の罪を除く小羊（イザヤ53・5-7を聞く）

マンディリオンは聖骸布と違って、葬儀の写真のようなものではありません。マンディリオンを観想すると、小羊の死にわたしたちにも責任があると認めなければなりません。人の手によらず布に写っているキリストの顔は、罪のために暗くなっているわたしたちの心に輝いています。

朗読

過越の小羊である主は、御自分についてイザヤが預言したことが本当だと示すために、苦しみの始まる五日前に、受難のところに着きました。「屠り場に引かれる小羊のように、毛を切る者の前に物を言わない羊のように、彼は口を開かなかった」（イザヤ53・7）。そして少し前にイザヤは述べています。「彼が打ち砕かれたのは、わたしたちの咎のためであった。……彼の受けた傷によって、わたしたちはいやされた」（イザヤ53・5）。

（聖ベダ・ヴェネラビリス（†735）司祭、教会博士「説教」）

または、

小羊のように引かれ、羊のようにほふられたこの方は、昔、イスラエルの民をエジプトから救い出したように、今、わたしたちをこの世の誘惑から解放します。昔、イスラエルをファラオの手から救ったように、今、わたしたちを悪魔の支配から救い出し、御自分の霊によってわたしたちの魂を封印し、御自分の血によってわたしたちのからだを封印してくださいます。

この方こそ、鳴き声をたてない小羊です。この方こそ、ほふられた小羊です。この方こそ、美しい雌羊であるマリアから生まれた方、この方こそ、羊の群れの中から取られた方、そして、屠り場へと引かれ、夕方に殺され、夜に葬られた方です。彼は木の上で骨を折られることなく、地の中で腐敗せず、死者の中から復活し、人間を墓の底から復活させた方です。

（サルデスのメリトン（†180）、司教「過越祭についての説教」）

祈り

使徒たちの栄光である慈しみ深いイエスよ、
殉教者の喜びである、イエスよ、
全能の主、わたしの救い主イエスよ、
美しいイエスよ、あなたにより頼むわたしを救ってください。
あなたを生んだ方、マリア、すべての聖人、預言者の執り成しによって、
人の友である、救い主イエスよ、わたしを憐れみ、
天国の喜びにふさわしいものにしてください。（テオステリクト修道士）

一連を唱えます。

苦しみの第三の神秘

イエス、いばらの冠をかぶせられる

マタイ26・67－68、27・26－30

イエスは茨の冠を受ける　フラ・アンジェリコのフレスコ
聖マルコ修道院　フィレンツェ、イタリア

イエスは罪人の手に渡される（マタイ27・26を聞く）

このフレスコ画は兵隊に侮辱されるキリストを観想する聖ドミニコとマグダラの聖マリアを見せます。これは、フラ・アンジェリコがドミニコ会の修道院の修道士たちの各独居房に描いたフレスコ画の一つです。

朗読

キリストは以上のようなことが成し遂げられなければならないという使命を十分に自覚しながら、御受難と死に向かって行きます。

まさに、この苦しみの手段によってキリストは、人間が「滅びることなく、永遠のいのちを受けるため」に、それを実現させなければなりません。御自身の十字架の手段によってキリストは、人間の歴史、人間の心の中に植えられた悪の根を絶やさなければなりません。まさに、十字架の手段によって、キリストは「救済の業」を達成せねばなりません。この業は、永遠の愛のプランの中で贖いの性格を帯びています。

（聖ヨハネ・パウロ二世教皇、使徒的書簡「サルヴィフィチ・ドローリス」16）

祈り

わたしたちの救い主、神よ、頭のてっぺんからつま先まで傷だらけのあなたの前に
わたしたちは立っています。
わたしたちのために御自分を捧げた主よ、
あなたの傷と憐みがわたしたちを癒し、
あなたの血がわたしたちを清めますように。

一連を唱えます。

イエスは辱めを受ける（マタイ27・27–28を聞く）

外套の赤い色は王の緋色を連想させます。この絵では、キリストのマントは白です。それは輝きの色です。わたしたちの目の前にいるのは栄光のキリスト、もはや変容されたキリスト、もはや復活されたキリストです。キリストは緑のカーテンを背に壇の上にある王座に座っています。大祭司カイアファ、またはピラトの法廷にいるという感じではありません。

朗読

神の御言葉が、御自分を無にされたということは、決して単なるジェスチャーでもなければ、限定された些細な事件でもないのです。神は肉体を取るほど、死ぬほど、十字架上でもだえ死ぬほど、御自分を無にされたのです。わたしたちの主、イエス・キリストがわたしたち人間の肉体を取ることによって、死の刑罰を甘んじて受けることによって、十字架の恥ずかしい死苦を耐え忍ぶことによって、お示しになったその謙遜、その柔和、その愛の価値を誰がおしはかることができるのでしょうか。

ある人はこう言われるかもしれません、「神はそんなにまでなされなくても、もっと容易に贖いの業ができたのではないか」と。もちろん、神はおできになったはずです。だが、この不当な苦しみと死をあえて甘受することを、ほかのあらゆる贖いの方法よりも優先されたことについては、そこにしっかりした理由があるはずです。すなわち、忘恩というこの最も恐ろしい、最も嫌うべき悪徳が人間の心に忍び込む口実を与えないためにこそ、神は先に述べた方法をおとりになったのです。そうですとも、神は、人間を贖うために大変な苦労をなさいました。だが、それは人間に大いなる愛の負担を負わせるためだったのです。人間がいとも簡単に、いとも容易に創造されたからこそ、人間は神に対してわずかしか感謝をしないのではありませんか。これに反して、神の大変な困難のうちに自分が贖われたことを知れば、どんな人の心にも感謝の気持ちが湧き起こるはずです。

（聖ベルナルド（†１１５３）、「雅歌についての説教」11・2−3、7）

祈り

金曜日、ピラトは裁判を立て、
王であるキリストを裁き、死刑の宣告を下します。
金曜日、兵士たちは、神のひとり子の服を分け合い、
赤い外套を彼に着せました。

一連を唱えます。

イエスは茨の冠をかぶせられ（マタイ27・29–30を聞く）

キリストは聖なる神として座っています。右の手にある棒は、王笏を連想させます。左手にある地球儀は被造物が彼から出たこと、彼に向かっていることを意味します。侮辱を受けるキリストと栄光のキリストは同じキリストです。

彼は茨の冠をかぶって、目隠しされています。それは、不思議なことに、覆いを通して、わたしたちはイエスの真の姿をみとめます（聖骸布もそうです）。なぜ、その覆いが描かれているのでしょうか。それは、イエスは、自分を殴っている人は誰であるかを知りたくないということです。

朗読

御受難と十字架において、残忍な死と御血の流出の時にいたるまで、主はどれほどひどい罵倒やそしりを忍耐強く聞き、どれほどひどい侮辱を耐え忍ばれたことでしょうか。

少し前につばきで盲人の目を開かれたお方に、今はあざける者どもがつばきを吐きかけました。

現在は彼の僕たちが彼の名によって、悪魔とその手下をむち打っているというのに、ここでは主御自身がむち打ちを忍んでおられます。

殉教者たちを永遠の花輪で飾られるお方が、ここでは茨の冠で飾られます。

まことのしゅろの枝を勝利者に与えられたお方が、顔を手のひらで打たれておられます。
不死の衣を人々にまとわせられるお方が、今は地上の衣をはぎ取られておられます。
天上の食物を与えられたお方が、今は苦味を食べ物として供されておられます。
救いの杯をすすめられたお方が、今は酢を飲まされておられます。

（聖チプリアノ（†258）、司教、殉教者「講話、忍耐について」）

祈り

兵士たちは、イエスを侮辱して、
その前にひざまずき、
「ユダヤ人の王、万歳」と言った。
その侮辱に対して、主は身動きもせず、沈黙を守り、
御自分が教えたように、謙遜の心を守りました。

一連を唱えます。

イエスは嘲笑される（マタイ26・67–68を聞く）

イエスはいたるところを打たれます。侮辱され、唾を吐きかけられます。永遠の知恵であるキリストは拷問責具や、彼を叩く手に囲まれています。

この絵では、手だけ描いていて、そのからだは描かれていません。五つの手が彼を襲います。一つの手は棒を握っています。もう一つはからだの付いていない頭から帽子を取り上げます。顔のない人たちは「ひざまずいて拝んだり」（マルコ15・19）しました。

わたしたちは、イエスにおいて、苦しんでいる神、苦しんでいる人間の姿を認めます。

そのいろいろな手は（非人格化に伴って）人類の悪を意味しています（創世記3・12、「あなたがわたしと共にいるようにしてくださった女が、木から取って与えたので、食べました」）。御自分を打つ悪に対して主なる神は目が見えません（目隠しされる目）。悪はイエスを打っていますが、彼に感染しません。トマス・アクィナスによると主なる神は悪には思いもよらない方です。本当に、神は悪と無縁です。

朗読

無実で、正しく、無実そのもの、正しさそのものである方は犯罪人として裁かれ、真理そのものである方は偽証人によって、有罪の宣告を受けました。裁きの座に座るべき方は、裁かれます。神の言葉である方は沈黙を守り、いけにえとして捧げられています。そして、十字架の場に着いたら、星が身を隠し、自然界の諸要素が混乱し、地震が起こり、暗闇は光を追い出した時に、彼は、御自分の受難の間でも、沈黙を守り、動きもせず、御自分の栄光を現していません。最後まで、忍耐強く、絶えることなく、彼はすべてを耐え忍びます。まことに、キリストの内に忍耐は完全な域に達します。

（聖チプリアノ（†258）、「忍耐の良さについての講話」6–7）

祈り

衣のように光をまとわれる方は、
着ている物がはぎ取られ、裁判に出されます。
主は、御自分が造った一人の人の平手で打たれました。

一連を唱えます。

証人（使徒言行録10・39を聞く）

聖ドミニコとマグダラの聖マリアの姿勢は奇妙です。イエスの方に目を向けません。聖ドミニコは膝の上にある本を読んでいます。彼は、悪に囲まれた神の知恵である方が沈黙を守るということを観想し、黙想します。マグダラの聖マリアに本は必要ありません。以前、彼女は、涙でイエスの足をぬらし、自分の髪の毛でぬぐい、イエスの足に接吻して香油を塗ったからです（ルカ7・38）。

朗読

聖書は言います。「かれは、その御前で、ひこばえのように、あれ地からでた根のように、成長した。かれには、私たちの目を引くほどの、美しさも、かがやきもなく、たのしめるほどの姿形もない」（イザヤ53・2）。人の子らのだれよりも美しい方は、重い皮膚病にかかった人のように軽蔑の対象になりました。多くの痛みを負い、神の手にかかり、打たれ、輝かしい風格も好ましい容姿もありません。最低の人間に見えますが、初めに生まれた方です。人々から侮辱を、天使たちから栄光を受けます。彼よりも高められる者はなく、彼よりも卑しめられている者もいません。唾を吐きかけられ、ののしられ、一番恥辱的な刑を宣告され、罪人のひとりに数えられました（イザヤ53・12）。その極みの謙遜には価値がないでしょうか。キリストの忍耐は特異で、その謙遜も見事、先例がありません。

（聖ベルナルド（†1153）、「説教、聖週間」）

祈り

ピラトよ、すべての者を裁く方を裁いているあなたは
彼が導かれるままに任せるのは、弱さのゆえにだと思わないでください。
彼は自ら進んで、裁判に臨みます、それは、わたしたちの救いのため。

一連を唱えます。

苦しみの第四の神秘

イエスは自分の十字架を担ぐ

祝日　6月27日

東方教会では、このイコンは「受難の御母」と呼ばれています。そのため、またこのイコンが教えてくれることのためにも、ゴルゴタの道を歩んでいる時のわたしたちに、このイコンを観想するのはふさわしいことです。このイコンが描かれたのは、おそらく15世紀の初め、クレタ島です。バチカンの図書館に保存されているある写本にこう書いてあります。

「クレタ島の商人はこの貴重な絵を盗んで、イタリアに向かって船出しました。途中で嵐が起き、商人は荷物の中に隠れていた乙女マリアのイコンに向かって祈りました。そうすると、災難から抜け出して、ローマに着き、そこに居を定めました。その後、マリアは何回も現れて、『すべての危険より救ってくださる御母』という自分の名前を表しました。聖マリア大聖堂とラテラノの聖ヨハネ大聖堂の間にある教会でこのイコンが崇められるようにと頼みました。それは使徒マタイ教会です。その後、この教会は破壊されたので、イコンは、長い間、表に出されませんでしたが、１８６５年に教皇ピオ９世はレデンプトール会にイコンを委託して、１８６６年４月26日に、盛儀に伴って、『すべての危険より救ってくださる御母』のイコンは信者の崇敬に還されました」。

すべての危険より救ってくださる御母　または 受難の神の母　ギリシアのイコン
1325–1480 年頃　ヴィア・メルラナの聖堂　ローマ、イタリア

十字架につけられるために、イエスは引き出される（マルコ15・20を聞く）

「わたしではなく、わたしの子に目を向けてください」とマリアはわたしたちにおっしゃっている気がします。それは、イエスを指している右手の動作でわかります。

赤い色のマリアの服は、彼女がイエスの聖性に与っていることを象徴します。青い色のベールにもなっている衣（マフォリオン）は人間性を表しています。多くの金の線は王位を示しています。「オフィルの金で身を飾った王妃があなたの右に立てられる。……晴れ着は金糸の織り」（詩編45・10、14）。

普通、神の母のイコンではマリアは頭と両肩の三つの星で飾られています。この三つの星は、出産の前、出産の時、出産の後の処女性を表しています。一つの星しか見えない時には、マリアが「海の星」であることを示しています。この海の星こそ、航海であるわたしたちの人生の旅路で道案内してくださいます。

朗読

キリストは神の身分にとどまらず、御父と等しい者であることに固執せず、かえって自分を無にして、僕の身分になって、死に至るまで、それも十字架の死に至るまで従順でした。まことに、救いをもたらしたキリストの受難は世の権力者の力を奪い、この世の支配者に打ち勝って、わたしたちを悪魔の束縛から解放し、主である神に導いてくださいました。わたしたちは彼の傷によって癒されました。十字架にかかって、自らその身にわたしたちの罪を担ってくださいました。町の外で苦しみを受けたキリストの血によって、わたしたちは聖なる者とされました。

（アレキサンドリアの聖チリロ（†444）、司教、教会博士）

または、

キリストは以上のようなことが成し遂げられなければならないという使命を十分に自覚しながら、御受難と死に向かって行きます。

まさに、この苦しみの手段によってキリストは、人間が「滅びることなく、永遠のいのちを受けるため」に、それを実現させなければなりません。御自身の十字架の手段によってキリストは、人間の歴史、人間の心の中に植えられた悪の根を絶やさなければなりません。まさに、十字架の手段によって、キリストは「救済の業」を達成しなければなりません。この業は、永遠の愛のプランの中で贖いの性格を帯びています。

（聖ヨハネ・パウロ二世、教皇、「サルヴィフィチ・ドローリス」16）

祈り

海の星、マリアよ、
平和をわたしたちの上に輝かせ、
キリストを信じる民に
目を傾けてください。

一連を唱えます。

イエスとキレネのシモン（マルコ15・21–22を聞く）

これからイエスを仰ぎ見ましょう。イエスのまなざしは十字架に向かっています。隠れ場と助けを求めるかのように、イエスの手は母の右の手をつかんでいます。顔は成人の顔で、知恵のシンボルである首は太いです。イエスは緑色の服を着ています。緑色とは、たくさんの実を結ぶことを表しています。神の御子はこの世に来られ、受難を通してわたしたちを救ったことよりも、実りの多いものはないということです。
栗色と金色の服は神性のシンボルになる火を連想させます。
イエスの頭の辺りに、その名前（ICXC、イエス・キリスト）が記されています。

朗読

救い主は一人で十字架を担うのにはふさわしくありませんでした。わたしたちも幸いなことに徴用されて一緒にそれを担うことが必要でした。

（オリゲネス（†254）、司祭「マタイについて」）

祈り

敬うべきこのイコンに描かれている幼子イエスをながめているわたしたちは、
彼を真似してあなたの右手を力強くつかむ衝動に駆られています。
どんな困難や災難からでも、
必ず力と慈しみをもって、わたしたちを救うでしょう。
今の時はあなたの時です。
わたしたちを救いに来てください、
すべての人の隠れ場と希望になってください。アーメン。（聖ヨハネ・パウロ二世）

一連を唱えます。

イエスとその後を歩く群衆（ルカ23・27を聞く）

幼子イエスをもう一度観察しましょう。左足のサンダルを落とそうとしているのが見えます。なぜでしょうか。ここでは、イエスの使命が明らかになります。ユダヤ人の社会の中で、遺産を相続する時、ものを買う時に、手続きを認証するために、履物を脱いで相手に渡す習わしがありました。ボアズがナオミの土地を買った時に、そのことが起こりました。親族は「履物を脱」（ルツ4・8）ぎました。イエスはサンダルを脱ぐことでこう言っているようです。「わたしがサンダルを脱いで渡すということで、あなたはわたしに対して借りがありません。あなたを救うために、あなたに愛されるために、わたしは十分支払いました」。

朗読

人よ、神があなたのために大金を払ったことは明らかです。

主であったのに奴隷になり、豊かであったのに貧しくなりました。御言葉であったのに人間になり、神の子であったのに、ためらうことなく人の子になりました。無からあなたを造られた方は、何も持たないであなたを贖ったわけではないことを心に刻み覚えなさい。六日間で神はあなたを含めてすべてのものを造りましたが、キリストは丸三十年、あなたの救いのために働いたのです。見事に労苦しました。人間の惨めさと敵の誘惑に加わって、十字架の恥辱と死の恐怖もそのすべてを耐えました。本当に、慈しみを豊かに与えて「主よ、あなたは人をも獣をも救われ」（詩編36・7）ます。

（聖ベルナルド（†1153）、修道院院長「説教」11・7）

祈り

神の母よ、地獄の方に目を傾けて、
拷問にかけられている魂がどんなに苦しんでいるかを見てください。
御許に再びわたしを呼びますように、
わたしのために御自分の血を注いだ方の前にひざまずき、懇願してください。

一連を唱えます。

イエスはエルサレムの娘たちに出会う（ルカ23・28－31を聞く）

イエスの受難の神秘に入るためにマリアはわたしたちを導き入れます。受難の道具が展示されています。左に大天使ミカエル（「神のようなものはだれか」という意味）が見えます。名前は上に書いてあります。彼は槍（ヨハネ19・34）とヒソプに付けられた海綿（ヨハネ19・29）を見せます。大天使は緑色のマントをまといます。それはいのちを表している色です。貫かれたイエスの脇腹から洗礼とエウカリスチアの秘跡を予告する水と血が流れ出るからです。

朗読

聖なる乙女よ、どこに行かれますか。カルヴァリオの丘ですか。あなたのいのちである方が十字架にかけられるのを見る気になれますか。預言者として、モーセはこう言いました。「あなたのいのちは、あなた自身のまえに、つるされたままでいるであろう」（申命記28・66）。

聖ラウレンチオ・ユスティニアヌスはイエスにこう言わせます。「母よ、わたしと一緒に来なくてもいい。どこに行きますか、どこに行こうとしていますか。わたしに付いてくれれば、わたしの苦痛とあなたの苦痛に同時に苦しまなければなりません」。しかし、愛に満たされる母はイエスの死に直面して辛い痛みを与えられても、自分のイエスを見捨てたくありません。息子は先に進み、その母は一緒に十字架にかけられるために、後に続きます、と修道院院長、ギヨームが言っているように。

聖ヨハネ・クリゾストモはこう書いています。野獣に対してさえ、わたしたちは同情するでしょう。ライオンの雌が死にかけているその子供たちに付き添う場面を見たら、わたしたちは同情します。刑場に引き立てられる罪なき小羊に付き添うマリアにどうして同情なくしていられるのでしょうか。マリアの悲しみを共にして、マリアと共に神の御子の後を歩み、主がわたしたちに与える十字架を根気よく担おうではありませんか。

（リゴリの聖アルフォンソ（†1787）、司教、教会博士「聖母マリアの栄光」）

祈り

神と人の間の仲介者、
わたしたちの上に高く座している神であり、わたしたちのために人となられた主よ、
あなたの慈しみを認めてたたえます。
偉大でありながら、わたしたちの愛のゆえに、あなたは苦しめられました。
自分の弱さのために苦しんでいるあなたのからだである大勢の人を、
あなたは慰め、絶望から引き出してくださいます。（聖アウグスティヌス）

一連を唱えます。

イエスは自分の十字架を担う（ヨハネ19・16－18を聞く）

右の大天使はガブリエル（「神はわたしの力」という意味）です。彼は釘と十字架を見せます。その赤いマントは血と契約を示します。大天使ミカエルと同じように、大天使ガブリエルの手はマントに覆われています。それは敬意のしるしです。

朗読

わたしたちは、よくなりたければ、そして神のもとに着きたければ、十字架を背負わなければなりません。どんな十字架でも一つを受け入れなければなりません。一つの十字架から逃げれば、またもう一つに出会うでしょう。だから、どこに逃げても、どんなことをしても、十字架を担うのは必要、そして真実の道です。ある期間に神がわたしたちの十字架の下に御自分の影を置くこともありえます。その時、十字架はかつてなく軽くなります。または、神がわたしたちに慈しみと憐みを示し、十字架の終止符を打って、重荷の重さを取り除くこともありえます。その時、喜びに満たされます。急にすべての痛みと苦悩を忘れて、現在と過去の苦しみを意識しないほど、すべてが簡単に見えます。

しかし、神が御自分の影を引き下げると、再び重荷は辛く、耐え難くなります。キリストこそ、この重荷を一番つらく、苦しい形で担いました。キリストの後に、キリストの愛されている友のわたしたちもそれを担います。わたしたちも十字架に引きつけられて、キリストのほまれと栄光のために自分の十字架を愛と喜びをもって背負いますように。

（ヨハネス・タウラー（†1361）、司祭「十字架称讃の説教」）

祈り

十字架にかけられた愛、いと高き神よ、あなたに請い願います。

あなたはわたしの希望、わたしの逃れ場、わたしの慈しみ。

わたしを憐んで、あなたを礼拝すること、愛することを教えてください。

あなたを礼拝すること、愛すること。それはわたしの望みですが、どう実現できるのか、それはまだわかりません。

あなたを愛する者を聞き入れてくださるイエスよ、
十字架上で示した人間への愛のゆえに、あなたに請い願います。

わたしがあなたの十字架の前に立つのを、決して飽きることも、恥じることもないようにしてください。

わたしの魂はあなたの見守る中で御前に立つことに楽しみを見出しますように。

あなたの目は慈しみのまなざしでわたしに向けることに楽しみを見出しますように。

わたしに自分の惨めさを悲しむ力を与えてください。

わたしの悲しみを喜びに変えられる時を味わわせてください。（聖アンセルモ）

一連を唱えます。

苦しみの第五の神秘

十字架上の死

祝日　9月14日
十字架称讃

十字架上の死　マイスター・ディオニジオ　ロシアのイコン
1500 年、トレチャコフ美術館　モスクワ、ロシア

イエスは十字架につけられる（エフェソ2・11を聞く）

キリストの姿はエルサレムの城壁の明るい背景と十字架の暗い背景とに浮き出ます。なぜ、イエスの姿は浮き出るのでしょうか。それは、死の不動のうちにも、目が閉じられていても、イエスの中から穏やかさ、平安、勝利の表情が漂うからです。

「わたしが十字架にかけられた人間を見ているのに、彼を王と呼びます」とヨハネ・クリゾストモは言います。イエスのからだの線の清らかさに気が付くでしょう。イエスは人の子の中で一番美しい方です。彼の細長い腕は、祈るように上げられ、全世界を抱いています。わたしたちが慣れているバロックの絵のように、その姿は、苦しみのキリストではありません。キリストの穏やかさは王である神の子の気高さを示しています。そしてすべての人の贖いのために、自ら自分のいのちを捧げたことも示します。このイコンを観想すると、わたしたちは苦悩にとどまる誘惑を乗り越えることができます。

人の子らの誰よりも美しい方、キリストを観想すると、わたしたちは正しい信仰に導かれています。十字架の救い主が御父の栄光を受けている主であることです（フィリピ2・11）。

朗読

柔和なイエスは、頭を垂れ、死にました。

柔和で、手を広げて、
柔和で、脇腹が槍で開かれて、
柔和で、釘一本で両足が貫かれています。

善良のイエス、謙遜のイエス、慈しみ深いイエス、言葉の優しいイエス、柔和な心のイエス、聞くには快く、愛情豊かで、わたしたちの理解を超えている、善良と憐みに満ち、権威があり、知恵があり、寛大で、豊かに与え、惜しみなく、とても柔和で優しい。あなただけが最高の善。「あなたは人の子らの誰よりも美しい」（詩編45・3）方です。千人、万人の中でも、あなたから出る栄光と恵みに比べるものはありません。わたしたちの憧れの的になるのは、当然です。美しさに満ちている方に、美はふさわしいのです。

（聖アンセルモ（†1109）、司教によるものと思われる「キリストの受難」）

祈り
キリストよ、全世界の真ん中で、
救いを成し遂げました。
木の上にあなたの清い手を広げ、
その翼の陰にすべての民を集められました。
彼らはあなたに向かって叫びます。主よ、あなたに栄光あれ。

一連を唱えます。

十字架（ヨハネ19・17－20を聞く）

十字架は天と地をつなぐはしごです。そのはしごはアダムの頭蓋骨の上に乗っています。三つの段は、はしごを象徴しています。ヤコブも夢でそのはしごを見ました（創世記28・10－22）。第一段は足を置くための短い板、第二段は両腕を伸ばす横の板、第三の段は「ユダヤ人の王、ナザレのイエス」とヘブライ語、ギリシア語とラテン語でピラトが書かせた札の板（ヨハネ19・19－20）です。ある意味で、ロザリオの祈りはわたしたちを天につなぐ段だと思います。

十字架はいのちの木です。拷問の道具（死に導くもの）から救いの材料（いのちを与えるもの）に変えられます。楽園の命の木（創世記2・9）、ゴルゴタの十字架（マタイ27・40）、神の楽園の命の木（黙示録2・7）。

十字架は四方へ向いています。十字架は軸で、全世界の中央、全世界の中心に立っています。その軸は三つのレベルを通ります。頭蓋骨がある地獄、わたしたちがいる地上、神の国にある天。

十字架はまた祭壇です。イエス自身が自分を十字架の木にたとえます。「『生の木』さえこうされるのなら、『枯れた木』はいったいどうなるのだろうか」（ルカ23・31）。天と地をつなぐ十字架を通して、イエスは自分のいのちをささげます。イエスは祭司の務めを果たします。ラテン語で祭司は「ポンティフェクス」（橋を造る者）と言います。

朗読

栄光ある十字架は
王の王の旗印、
祝福されたその十字架の上にキリストは死に、
その死によって我らにいのちを与えました。

十字架の木よ、優れた木、輝いている木よ、
あなたは王の血に染められました。
あなたはキリストの清いからだに触れるために
植物の中で選ばれ、キリストのからだを担いました。

あなたの二つの枝の間に、脇腹が開いたまま、
世の贖い主がかけられます。
キリストのからだが秤を一方に傾けさせ、
地獄の支配を滅ぼしました。

（聖ヴェナンス・フォルトウナ（†６１０）、司教）

祈り

楽園の木の実を食べて、

アダムは死を報いとして受けましたが、
十字架の木の実によって、わたしたちには永遠のいのちが与えられました。

一連を唱えます。

城壁と天使（ヘブライ13・11－14を聞く）

十字架とエルサレムの街の間にシオンの城壁があります。

イエスが十字架にかけられたのはゴルゴタ「されこうべの場所」（ヨハネ19・17）です。それは、エルサレムの城壁の外にある小さな丘です（マタイ21・39、ヘブライ13・11－14）。

「エルサレム、エルサレム、預言者たちを殺し、自分に遣わされた人々を石で打ち殺す者よ」（ルカ13・34）。

十字架の横板の上（天）と下（地上）に天使が見えます。

上の二人の天使は敬意のしるしとして、布の下に手を隠して拝みます。下には十字架の軸の両側に二組の天使がいます。イコンの明るい背景は十字架によってもたらされた宇宙の浄化を強調します。

朗読

キリストが十字架にかけられた場所は、聖性の終わりが近づく神殿ではなく、罪のために滅ぼされようとしている町の中でもない、城壁の外です。それは、昔のささげものの秘儀が終わり、新しい祭壇の上に新しいいけにえがささげられ、キリストの十字架は神殿の祭壇ではなく、全世界の祭壇になるためでした。

（聖レオ一世（†461）、教皇、教会博士「講話、主の受難について」59）

祈り

王であるキリストよ、小羊のように
あなたは屠り場に引かれました。
人の友である主よ、
罪なき羊のように、
逆らう者の手によって、
あなたは木に縛られました。
それは、わたしたちの罪のためでした。（イザヤ53・7）

一連を唱えます。

マリアとほかの婦人たち（ヨハネ19・25－27を聞く）

マリアはいつもキリストの左にいます。

マリアは苦しみで動くことさえできないように見えます。預言者シメオンが告げたように、マリアの魂は貫かれました（ルカ2・35）。

マリアの衣の薄暗い色はキリストがまとっている衣の白さと対照的です。マリアを通して、すべての人は自分の創り主の前に立っている気がします。

乙女マリアの右手は自分の子を指しています。「見よ、世の罪を取り除く神の小羊」（ヨハネ1・29、1・36）とキリストを指している洗礼者ヨハネを思い出させます。

マリアの後ろに三人の婦人がいます。「母の姉妹、クロパの妻マリアとマグダラのマリア」（ヨハネ19・25）。彼女たちはマリアのからだを支えながら、その精神的な支えにもなります。

朗読

十字架にかけられた時に、あなたの母に「御覧なさい、あなたの子です」（ヨハネ19・26）と言ったのをわたしは覚えています。良い主よ、今、あなたの僕に「御覧なさい、わたしは、あなたの神、あなたの贖い主」と言ってください。そして、祝福された処女よ、わたしに「これは、わたしの息子、あなたの救い主」と言ってください。

マリアよ、わたしは飼い葉桶に寝ているあなたの子を認め、神殿の中で教えている時も、彼を見出します。しかし、最もはっきり認めるのは十字架にかけられた時です。あそこで、彼は仰せになりました、「御覧なさい、あなたの子です」。聖母よ、ここは、わたしのために執り成してください。キリストは、御自分があなたの子と認めた上で、あなたの祈りを受け入れる義務もあります。彼に声をかけてください。「子よ、罪人の一人がわたしに懇願しています。彼が愚かに犯した罪をお赦しください」。そうです、主よ、わたしは罪人であることをあなたとあなたの母に告白します。子供のころから、あなたの十字架がわたしに示されたのに、崇めることができませんでした。わたしが考えないで犯した罪をお赦しください。あなたはわたしの唯一、真の希望です。

（聖アンセルモ（†1109）、司教「祈り」43）

祈り

清らかな乙女、神の母よ、
あなたの子、あなたの神が十字架にかけられたのを見た時に、
剣があなたの尊い魂を刺し貫きました。
祝福された方よ、わたしたちの罪が赦されますように、
あなたの子に執り成してください。

一連を唱えます。

ヨハネとロンジノ（百人隊長）（マタイ27・54を聞く）

イエスの右には愛する弟子のヨハネがいます。彼は今起きた出来事を黙想しています。「イエスは、母とそのそばにいる弟子とを見て、母に、『婦人よ、御覧なさい。あなたの子です』と言われた。それから弟子に言われた。『見なさい。あなたの母です。』」（ヨハネ19・26－27）。

ヨハネの後ろに百人隊長がいます。その名はロンジノと伝えられています。敬意をもって驚きながら、「本当に、この人は神の子だった」と言います。

朗読

「友のために自分の命を捨てること、これ以上に大きな愛はない」（ヨハネ15・13）。キリストの十字架上の愛は敵の憎しみに打ち勝ちます。愛が許さない限り、憎しみには力がありません。愛によって、御父が御子を捧げ、同じ愛によって御子も御自分を捧げます。支障なく自分の好きなことを行うのは愛だけです。神御自身を駆り立てて、極端に言えば神に命令までできるのは愛だけです。愛こそ、神を天から下りさせ、十字架に上がらせ、そして罪の赦しのために、キリストの血を流させました。

（カンタベリーのバルデゥイノ、司教「講話」）

祈り

「あなたのいのちは、あなた自身のまえに、つるされたままでいるであろう」（申命記28・66）
という預言者モーセの言葉が成就しました。
今日、十字架が高く上げられ、世は誤りから解放され、
今日、復活によってすべてのものは新しくなります。
地の果てまですべての人々よ、喜び歌え、
竪琴とシンバルを鳴らしながら叫ぶがよい。
主よ、十字架と復活を通して、
あなたは、地の果てまで救いのわざを成し遂げられました。
こうして、人の友、主は、わたしたちを救い出されました。
力を表してくださった神に栄光あれ。

一連を唱えます。

栄光の第一の神秘

主の復活

「陰府に下り、三日目に死者のうちから復活し」(使徒信条)

イエスが墓から立ち上がったときには、誰もいませんでした。福音書は復活そのものについて触れていません。その瞬間について、わたしたちは想像することはできません。

しかし、イコンの伝統は二つの違う場面を描いています。一つは地獄に下るイエス、もう一つは香料を携えて墓に着く聖女たちです。(ルカ23・56－24・1)

朗読

なんと偉大な業。地獄が主キリストをむさぼり食いましたが、消化できませんでした。ライオンが羊を呑み込みましたが、胃の中でそれを耐えることはできませんでした。死はいのちを吸い込みましたが、吐き気がして、むさぼり食ったものを吐き出しました。地獄は死んだキリストに打ち勝てませんでした。逆に亡くなったあの方を受け入れて恐ろしくなりました。なぜなら、いのちそのものに対抗して、地獄は、あの死者に征服され、倒れたからです。

(アマシアの聖アステリオ(†410)、司教「説教」)

陰府に下るイエス　16 世紀のイコン　132 × 102

復活したキリスト（ルカ24・36―43を聞く）

イコンの中央に、救い主、復活したイエスが立っています。

キリストの衣服の白さが目立っています。変容したキリストの「真っ白に輝く服」（マルコ9・3参照）を連想させます。服から光は輝きます。

洗礼の日に、求道者は白い服をまとっています。そのために初代のキリスト教徒は新しく洗礼を受けた人を「光輝く人」と呼んでいました。洗礼を受けたばかりの人は「聖と清いいのちで光のように輝きます」（偽ディオニシウス・アレオパギタ）。

イエスの後ろの服の動きは、イエスがこの瞬間にここに着いたことを示します。イエスの顔はアダムに向かって、慈しみに満ちています。キリストを包んでいる緑（緑は若さと生命のシンボル）の光輪は天の勝利と天と地の結合を意味します。

キリストの左手には聖書の巻物があります。ペトロはこのことについてこう書いています。「死んだ者にも福音が告げ知らされたのは、彼らが、人間の見方からすれば、肉において裁かれて死んだようでも、神との関係で、霊において生きるようになるためなのです」（一ペトロ4・6）。また「キリストは、肉では死に渡されましたが、霊では生きる者とされたのです。そして、霊においてキリストは、捕らわれていた霊たちのところへ行って宣教されました」（一ペトロ3・18―19）。

イコンの上の方にある岩はわたしたちの地の不毛を思わせます。しかしこの不毛の地にこそ、キリストの力と光が入り込みます。中央には、天使と受難の道具。十字架、杯と釘が見られます。

朗読

今は、主の過越！　主の過越！　三位一体をたたえるために、もう一度言います。主の過越です。祝いの中の祝い、祝日の中の祝日。太陽が星の光を圧倒するように、主の過越は、現世の人間の祭り、そして、キリストの他の祝日に勝ります。昨日の儀式は、何とすばらしいことだったでしょう。白い衣、光、わたしたちが行ったその典礼、個人的な時間と同時に共同体的な時間。身分やタイプの違う人々が自分のロウソクの光で暗闇を照らしていました。

（ナジアンズの聖グレゴリオ（†３９０）、司教、教会博士「聖なる復活」）

祈り

キリストは、死からよみがえり、
死をもって、死に勝ち、
墓にいるすべての人にいのちを与えられました。

一連を唱えます。

ヨナ（マタイ12・38–40を聞く）

初代教会の時代に、イエスの復活はヨナの物語を通して表現されているだけでした。ヨナが三日三晩、大魚の腹の中にいたように、イエスも三日三晩、大地の中にいました。大魚の中にいるヨナは、人類の初めから地獄の中に捕らわれている人々を表しています。

朗読

大魚の腹のヨナもイエスを前もって示します。呑み込まれているが、消化されません。ヨナは三日目に大魚から吐き出されたように、主イエスは三日目に墓から出られました。ヨナは説教によって、ニネベを救いましたが、キリストは全世界を贖いました。預言者たちが預言したことをすべて、キリストは成就しました。それはアダムの喜びのもとになります。

（聖ロマノス（†565）、助祭「賛歌」36）

また、

事実、救い主は三日三晩、大地の中におられましたが、あなたがたが初めて水から出てくることによって、キリストが大地の中におられた第一日を表し、水に浸されることによって、キリストが大地の中におられた夜を表したのです。夜には何も見えませんが、日中は光に照らされます。水に浸されたとき、皆さんも夜の中にいるかのように、何も見ることができませんでした。しかし、水から出てきたときは、昼間のようでした。そのとき、あなたがたは死んで生まれたのです。この救いの水は、あなたがたの墓であると同時に母となりました。

（エルサレム教会における入信の秘跡後の教話（4世紀））

祈り

キリストは、地下の一番奥に降りて、
わたしたちを束縛していた鎖を打ち砕きました。
そして、三日目に、ヨナが大きな魚から出たように、
あなたは墓から立ち上がりました。

一連を唱えます。

三人の若者（ダニエル3・24−28を聞く）

旧約聖書のもう一つの出来事はキリストが地獄に下るのを予示します。ダニエル書3章に、ユダ族出身の三人の若者、シャドラク、メシャクとアベド・ネゴのことが書いてあります。三人は唯一の真の神に忠実であるために、バビロンの王の偶像礼拝を拒みます。王の命令に従わないので、燃え盛る炉に投げ込まれます。しかし、彼らは火の中を自由に歩きながら歌っています。彼らの様子を見に来た王は、神の子のような姿をしている四人目の者を認めます（ダニエル3・25）。

わたしたちは、この独裁者の王には悪魔を見、炉に地獄を見出します。三人の若者は、解放を待ち望んでいる全世界を表しています。四人目は、わたしたちの苦しみを共にするキリストです。

イエスが地獄に下ったということは、わたしたちの個人的、または社会的な地獄の中を訪れるキリストを意味します。わたしたちの病、障害、争い、自殺、差別、死そのもの。

朗読

十字架は、キリストにとって、死をもたらす道具でしたが、信じている人にとっては、救いの道具になりました。復活した救い主は、すべての人に御自分の神性のしるしを与えました。乙女マリアの胎から出た時に、星がそれを示し、墓から出た時に、栄光もそれを示しました。キリストの誕生を告げた天使たちは、彼が墓から出た時にも、その復活を告げ知らせました。地獄は死に打ち勝った方を返し、天は彼を受け入れました。キリストは生まれたことによって偽りを滅ぼし、死んだことによって死を打ち砕きました。御自分で創られた人々を死の国から呼び出されました。十字架は、わたしたちの負債、わたしたちの勝利です。

罪のために暗闇の中にいた人間は、主と共に光に取り戻されました。そうです。キリストが目を閉じた時、あなたたちは光を失っていましたが、今、その光を贈り物として受けるのです。死の国で救い主が追い払った暗闇を、光に属する者も退けます。眠りに就いていた人々は、喜ぶべきです。なぜなら、キリストは栄光に現れ、被造物である人々を解放してくださるからです。

（アルルの聖チェザリオ（†543）、「説教」）

祈り

神を敬わない暴君の命令は
炉に火をつけさせ、かきたてます。
しかし、キリストは三人の若者の上に
聖霊の露をまき散らします。
キリストよ、あなたに栄光あれ。

一連を唱えます。

聖ペトロ（一ペトロ3・18－19を聞く）

福音書は、キリストが地獄に下ったことに触れていません。復活の正確な時間についても、弟子たちは何も言いません。聖ペトロだけが、二度、キリストが地獄に下ったことを語ります。

一度目は聖霊降臨の日です。集まっている人々にペトロはこう言います。「神はこのイエスを死の苦しみから解放しました」と。同じ演説で、ペトロは、詩編16を引用して、その言葉をイエスにあてはめます。「あなたは、わたしの魂を陰府に捨てておかず、あなたの聖なる者を朽ち果てるままにしておかれない」（使徒2・24－27。この「陰府」と訳されたギリシア語のハデスは、ヘブライ語［旧約聖書］ではシェオルといい、死者の住まいを指しています。わたしたちは、地獄と言います）。

その後、第一の手紙の中で、ペトロはこう記します。「キリストは、肉では死に渡されましたが、霊では生きる者とされたのです。そして、霊においてキリストは、捕らわれていた霊たちのところへ行って宣教されました」（一ペトロ3・18－19）。

右の手でイエスは人間の代表であるアダムを地獄から救い出します。その後ろに、ダビデとソロモン、預言者ダニエル、または、モーセ、そして、キリストを神の小羊（ヨハネ1・29、36）と指している先駆者ヨハネを見分けられます。反対側には、衣の下に手を隠して、エバが解放の時を待っています。その後ろには、旧約時代の他の正しい人々も立っています。

朗読

救いをもたらすキリストの受難のすぐ後、三番目の大きな祝日は、主の復活です。洗礼によって救い主の血で照らされた者、また、水と聖霊によって新しく生まれた者に、主の復活はいのちを与えます。復活によって、倒れていた世界は立て直され、復活によって、堕落したアダムは永遠のいのちを受けます。

（サラミスの聖エピファニオス（†403）、司教「主の昇天講解」）

また、

人間に対して示されたキリストの言い表せないほどの慈しみは、無数の賜物で教会を飾ってくださいます。偉大な英知と力強い業によって、キリストは、旧約の律法に目をくらませた我らを解放し、人間性に自由を与えました。十字架の木によって、キリストは、悪をもたらした蛇に打ち勝ちました。恐るべき死のとげをなくし、罪にふけていた者を火によってではなく、水によって、新しくしてくださいました。キリストは復活の門を開き、イスラエルに関係がなかった者を聖なる民に属する者にし、約束を含む契約に関係がなかった者を、天の食卓に招いてくださり、希望がなかった者の上に、救いの保証として、聖霊を豊かに注いでくださいました。

（セレウキアの聖バジリオ（†468）、司教「聖なる復活祭の説教」）

祈り

地獄以外は、あなたの地獄の滞在の様子を知る者はいません。

地獄は、目撃したこと、痛手を受けたことによって、
あなたの力に圧倒されました。

一連を唱えます。

聖パウロ（フィリピ2・9－11を聞く）

フィリピの賛歌の中で、神の子は自分を無にした過程を記し、その極端な地点は、地獄への降下である、とパウロは言います。「こうして、天上のもの、地上のもの、地下のものがすべて、イエスの御名にひざまずき」（フィリピ2・10）ますように。

キリストが神の一番遠く離れている所にたどり着いた時に、復活の栄光が現れたということです。

他の箇所でも、パウロはキリストが地獄に下ったことを語ります。エフェソの信徒への手紙に、こう書いています。「『高い所に昇るとき、捕らわれ人を連れて行き、人々に賜物を分け与えられた』と言われています。『昇った』というのですから、低い所、地上に降りておられたのではないでしょうか。この降りて来られた方が、すべてのものを満たすために、もろもろの天よりも更に高く昇られたのです」（エフェソ4・8－10）。

復活したキリストの光は地の果てまで輝き渡ります。イコンの下の部分に、暗いところが見えます。その暗いところには、釘、鍵、南京錠、倒された扉があります。それは、地獄の支配を打ち砕いたキリストの勝利のしるしです。同じ暗い所は、降誕のイコンにも見られます。洞窟です。地獄は打ち破られました。

朗読

誰一人、自分の過ちを嘆きませんように、墓から赦しが現れたのですから。もう、誰も死を恐れませんように。

主の死がわたしたちを解放してくださったのです。主は死の鎖につながれて、陰府に降った方は死に打ち勝たれたのです。陰府は主のからだに触れ、茫然として言葉を失いました。イザヤは、それを預言して叫びました。「地下では、陰府が騒ぎを起こす、お前が来るのを迎えて」（イザヤ14・9）。陰府は、打ち倒されて、欺かれて、打ち負かされたので、茫然としました。地獄よ、お前の勝利はどこにあるのか（一コリント15・54－57）。死者の中から復活したキリストは、死のうちに眠っている人々の初穂となりました。栄光はキリストに、世々とこしえに、アーメン。

（聖ヨハネ・クリゾストモ（†407）、司教「復活祭の説教」）

祈り

わたしたち自身を捧げましょう。
それは、神の御前で一番貴いもの、神にとって、一番喜ばれるものです。
神の似姿に造られたわたしたち自身を神に捧げましょう。
わたしたちの偉大さを認め、創造主である神をその捧げ物を通して敬いましょう。
キリストの死の理由を理解して、その神秘を深く受けとめましょう。

（ナジアンズの聖グレゴリオ）

一連を唱えます。

栄光の第二の神秘

イエス、天に上げられる

祝日
主の昇天
イエスの復活の40日後
使徒言行録1・6–11

主の昇天の祈願

わたしたちの神、キリストよ、
弟子たちの心を聖霊の約束の喜びで満たし、
天の栄光に上げられました。
あなたの祝福は、あなたが神の子、
全世界に解放をもたらす方であることを証ししています。

主の昇天　ロシアのイコン　1543 年　ノヴゴロド派　ノヴゴロド、ロシア

神の母、聖マリア（使徒言行録1・6−8を聞く）

わたしたちの目の前にあるのは、いわゆる救いの完成と呼ばれる場面です。天に上げられたイエスは世の終わりにまた来られます。イエスの復活の四十日後に式典を行うこの出来事の意味を表現するために、昔から教会の丸天井に描かれていました。

下の部分（地上を表している部分）の真ん中に、神の母、聖マリアが立っています。後ろの岩に、その名前、「神の母」が記されています。両側に、天使が一人ずつと使徒たち（五人と六人）が並んでいます。

教会の姿であるマリアは、人間として、自分の子の栄光を共にします。イコンでは、マリアはキリストと同じ垂直の軸に立っています。そして、マリアと弟子たちの間に天使が入っているので、マリアは別の世界にいるかのように見えます。弟子たちの姿勢は悲しみ、または恐怖、動揺を表し、乱れています。それに対して、マリアの姿勢は穏やかです。それは、心がひたむきになって観想する姿勢です。お告げの時、天使に答えたその言葉はマリアの心にまだ生きています。

マリアは主の昇天と聖霊降臨をつなぎ合わせます。天に上げられたキリストは教会に霊的な遺産としてマリアを残しています。

弟子たちの後ろの岩と木々はキリストが天に上げられたオリーブの山を連想させます。

キリストとの別れは弟子たちにとって試練ですが、彼らには淋しさが見えません。ルカはこう書いています。彼らは「大喜びでエルサレムに帰り」（ルカ24・52）ましたと。

朗読

復活の四十日後、わたしたちの主、イエス・キリストは、弟子たちの目の前で天に上げられ、からだにおいての現存の時を終わらせ、神が定めた時まで、御父の右にとどまります。それは、教会の子らを増やすことができるようになるためです。天に上げられたと同じからだで、また来られ、生者と死者を裁くその時まで。

（聖レオ一世（†461）、教皇「講話」74）

祈り

乙女マリアが生んだ御子が
鞭打ちと十字架の後、御父の右に座った時に、
全世界は喜びに満たされました。

わたしたちの弁護者になる方に賛美。
この方こそ、我らを救い、我らにいのちを与え、
我らを天に上がらせ、
御父と同じ座に座らせます。

一連を唱えます。

栄光に座しているキリスト（マルコ16・15－19を聞く）

イコンの上の部分（天を表している部分）の、輪光の中で、キリストはもう天の座に座っています。左手で巻物を持ち、右の手で祝福を与えます。「イエスは、そこから彼らをベタニアの辺りまで連れて行き、手を上げて祝福された」（ルカ24・50）。二人の天使は輪光を支えています。天使の翼の線は三角を描きます。この三角は地上から無限の方に開いています。その三角の中に、キリスト、マリアと白い衣の二人の天使が見えます。キリストの頭の両側に、その名前が読めます。そして、後光には、「わたしはある」と書かれ、この方は誰であるかをも示します。キリストが輪光の中にいることは、彼はもう人間の世界にいないことを示しています。

朗読

本当に、今日、主の昇天の祝日に当たって、悦楽の泉が湧き出て、全世界は喜びに満たされます。今日、キリストは輝いている天の門を開きます。さあ、来て、驚くほどのやり方で天までの空間を通過するあの御者を眺めてください。天から降って来た御ひとり子のほかには、エリヤを含めて、天に上ったものは誰もいません。イエス自身は、それをはっきり言います。「天から降って来た者、すなわち人の子のほかには、天に上った者はだれもいない」（ヨハネ3・13）。

（サラミスの聖エピファニオス（†403）、司教「主の昇天についての説教」）

祈り

城門よ、頭を上げよ
とこしえの門よ、身を起こせ。
栄光に輝く王が来られる。
栄光に輝く王とは誰か。
万軍の主、主こそ栄光に輝く王。（詩編24・9―10）

一連を唱えます。

真の神、真の人間であるキリスト（使徒言行録1・9を聞く）

主の昇天は受肉の頂点です。なぜなら、乙女マリアの胎内で造られたキリストのからだは天に昇るからです。「キリストの内には、満ちあふれる神性が、余すところなく、見える形をとって宿って」（コロサイ2・9）います。からだをもって天に昇るキリストは、すべての人々を御父の右の座に座らせるということになります。キリストの昇天の時、初めて人間は天の国に入るというわけです。キリストの昇天に先立ったエリヤは天に上げられましたが、どこにとどまっているのかわかりません（列王記下2・11－13）。キリストに続いて、神の母、マリアも天に上げられます。8月15日、マリアの被昇天の日にそれを祝います。その前には、人間が天に入った例はありません。人間であり、神であるキリストは「天にあるわたしたちの本国」への道を開いてくださいました（フィリピ3・20）。

朗読

主、イエス・キリストは、パウロが言っているように、新しい生きた道をわたしたちのために開いてくださいました。「キリストは、人間の手で造られた聖所にではなく、天そのものに入り、今やわたしたちのために神の御前に現れてくださった」（ヘブライ9・24）。実際、キリストが天に上がるのは、御父の前に出るためにではありません。彼は、昔も、今も、そして永遠に御父の内にいて、その御父の前に立っているからです。いつも、御父に愛されています。今、御言葉が天に上がります。それは、人間として、今まで聞いたことがない、今まで人間には不可能であった新しい姿で上がります。そして、わたしたちのためにそれを行います。神の子であり続けながら、「人間と同じ者になられ」（フィリピ２・７）、人間として次の言葉を聞かされました「わたしの右の座に就くがよい」（詩編１１０・１）。こうして、キリストの内に、すべての人に神の子となる資格の栄光は与えられています。

（アルルの聖チェザリオ（†５４３）、司教「説教」２１０）

祈り

救い主よ、あなたの前で、天の門の扉は開きます。
あなたが天に上げられることを見て、天使は驚き、歌います。
御自分を無にした方に栄光、
すべてを支配するあなたに栄光、
人の友、天に上げられたあなたに栄光。

一連を唱えます。

天使たち（使徒言行録1・10－11を聞く）

白い衣を着ている天使たちのお告げでは、救いの歴史の中で、二つの出来事の時期はあらかじめ示されています。それは、イエスが天に上げられる時と再臨の時です。

キリストを囲む天使と光輝く白い衣の天使の姿は違います。後者は空っぽになった墓のそばに現れた輝く衣を着た二人の人を連想させます（ルカ24・4）。

復活の使者と主の昇天の使者は同じく「良い知らせ」を告げます。

朗読

神に心を向ける時に、神のもとに上る憧れがわたしたちの心に芽生える時、わたしたちは天に上るのです。上る、その心の憧れとはどういうことでしょうか。それは神のもとに行く憧れです。後退する人は、降りるのではなく、落ちるのです。前進する人は、高慢で動かされなければ、上がります。実際、人は進歩すると、つまずくこともあります。進歩して高ぶるなら、わたしたちは、上がる代わりに落ちるのです。高ぶらないように、何をすればいいでしょうか。それは、自分にではなく、天にいます方に目を注ぐことです。

（聖アウグスティヌス（†430）、司教、教会博士「神への道」）

祈り
天使たちと共に、
天に上って栄光の座に座る主をたたえましょう。
彼に賛美の歌をうたいましょう。
天の父よ、あなたは聖なる方、
永遠の御言葉、キリストよ、あなたは聖なる方、
いのちの与え主、聖霊よ、あなたは聖なる方。

一連を唱えます。

贖い主、キリスト（ルカ24・46―52を聞く）

輪光を支えている一人の天使は、赤い服を来ています。これは、イザヤ書に書いてあることを連想させます。

「エドムから来るのは誰か。ボツラから赤い衣をまとって来るのは」

「なぜ、あなたの装いは赤く染まり、衣は酒ぶねを踏む者のようなのか」

「わたしはただひとりで酒ぶねを踏んだ」（イザヤ63・1―3）。

この方はキリスト、油注がれている者、苦しみの僕だと典礼は解釈しています。エドム、すなわち、罪人の地から来ます。衣が赤いのは、ボツラから来ているからです。すなわち、ぶどうの絞り場でからだが踏まれ、血を流しました（黙示録19・13）。キリストは血に染まった衣を身にまとっています）。

この赤い色は十字架の血の象徴です。キリストは天の神殿に入って、それを御父に捧げます（黙示録1・5、5・9）。それは黙示録に記されている天の典礼です（黙示録4）。キリストは、大祭司として、人間の手で造られたのではない神殿に入って、御自分の血をもって、新しいエルサレムの至聖所の祭壇にそれを捧げます。

朗読
わたしたちの主イエス・キリストは、今日、天に昇られました。主と共にわたしたちの心も昇るようにしましょう。使徒パウロの言葉に耳を傾けましょう。「あなたがたは、キリストと共に復活させられたのですから、上にあるものを求めなさい。そこでは、キリストが神の右の座に着いておられます。上にあるものに心を留め、地上のものに心を引かれないようにしなさい」（コロサイ3・1–2）。主は天に昇られましたが、わたしたちから遠く離れてしまったわけではないように、わたしたちに約束されていることは、からだに関してまだ実現していないとしても、わたしたちはすでに主とともに天にいるのです。

（聖アウグスティヌス（†430）、司教、教会博士「主の昇天についての説教」98・1–2）

祈り

主よ、いと高き、永遠の王、
信仰ある人の贖い主よ、
あなたが滅ぼした死が死にますように、
恵みによって、愛が打ち勝ちますように。

あなたは、天に上げられ、
御父の右の座に就き、
あなたに権能が与えられます。
それは人間からではなく、天から与えられています。

すべての被造物は
地下のもの、地上のもの、天のものすべて

あなたの前に喜び、ひれ伏し、
敬意を表して、神として、あなたを崇めます。

一連を唱えます。

聖霊降臨

栄光の第三の神秘

祝日
イエスの復活の五十日後
使徒言行録2・1–47、
ヨハネ20・19–23

聖霊降臨は五旬祭の日に当たっています。五旬祭というのは、過越祭の五十日後です。聖霊降臨の出来事はルカが書いた使徒言行録に記されています（使徒言行録1・1）。

聖霊降臨のイコンのメッセージを理解するために、次のことが大切です。わたしたちの目の前にあるのは、その時の出来事ではなく、教会の象徴です。教会は、聖霊に生かされているキリストのからだです。イコンには、実際の出来事と異なることもあります。たとえば、イコンにはパウロは描かれていますが、当時、彼は教会を迫害していました。しかし、十二人の使徒たちは教会の基礎、その十二の柱で、キリストはその「かなめ石」です。

聖霊降臨　モスクワ派のイコン　15 世紀（20 世紀に教会の母として、マリアを付け加えた）。
モスクワ、ロシア

聖霊降臨の日（使徒言行録2・1―2を聞く）

聖霊降臨は教会の誕生を表しています。典礼の中で、次のように歌います。「聖霊は、貧しく、愚かな者に、神の知恵を教え、漁師を神の神秘を教える人にする」。

朗読

ルカは主の昇天の後、五旬祭の日にあたってこの霊がすべての民族をいのちへと導き入れ、新しい契約を開始するための権能をもって弟子たちに降ったと言っています。こうして、弟子たちは一致してあらゆる言語で神を賛美し、そして霊は互いに遠く離れていた諸部族を一致へと連れ戻し、全民族の初穂を父に捧げたのです。

（聖イレネオ（†202）、司教、殉教者「異端反駁」）

祈り

聖霊、来てください、あなたの光の輝きでわたしたちを照らしてください。
恵みあふれる光、信じる者の心を満たす光よ、
汚れたものを清め、すさみを潤し、受けた痛手を癒す方。
硬い心を和らげ、冷たさを温め、乱れた心をただす方。

あなたの言葉を信じて、寄り頼む者に、貴い力を授けてください。（聖霊降臨の続唱）

一連を唱えます。

燃える火としての聖霊（使徒言行録2・3－4を聞く）

イコンの上方に、円弧の暗いところから出る十三の炎のような舌がマリアと使徒たちの上に降りてきます。各自は自分の能力に応じて、同じ火を受けます。

朗読

親愛なる皆さん、聖霊降臨の日に聖霊が主の弟子たちを満たされたことは疑いません。それは、初めて与えられたのではなく、賜物を一層豊かに授けられたのです。過ぎ去った時代に生きていた太祖たち、預言者たち、司祭たち、聖者たちも皆、この同じ聖性の霊に養われたのです。また、もしもこの恩恵がなかったとすれば、いかなる神秘も制定されず、いかなる神秘も行われなかったでしょう。賜物が異なるとはいえ、受けた恩恵の力はいつも同じでした。

聖なる使徒たちも、主の御受難の前からすでに聖霊を受けており、また救い主の御業においても、この霊能の力が働きました。また、主が弟子たちに病気を癒し、悪霊を追い出す力を与えられた時、その効力を施されたのも、もちろん、聖霊でした。

（聖レオ一世（†461）、教皇、教会博士「説教」63）

祈り

造り主の聖霊、来てください。
わたしたちの心を訪れ、
あなたに造られたこの心を、
天の恵みで満たしてください。

慰め主、
いと高き神の賜物、
生きる泉、燃える火、愛と呼ばれるあなたは、
わたしたちに霊の油を注いでください。（聖霊降臨の日の賛歌）

一連を唱えます。

マリアと使徒たち（使徒言行録1・14を聞く）

イコンの中央でマリアは手を挙げて祈っています。あるイコンでは、この中央の空間は空いています。空いている空間は、目に見えない教会の頭であるキリストを表しています。実際、聖霊が降るためにイエスが去って行くことは必要でした（ヨハネ16・7）。東方教会の伝承によって、その場所は、世の終わりの時に再臨するキリストのために空いています。教会の中でマリアは特別な位置を示しています。他の人々と同じ席に着かせることは考えられません。「ケルビムよりも尊く、セラフィムよりも輝く」マリアは使徒たちと同列に置くことができません。

朗読

わたしたちの主、救い主、イエス・キリストの死、その復活と昇天の後、その教会、すなわち、マリアと百人ぐらいの兄弟たちは、ある家の上の部屋に集まっていました。乙女からからだを受けたキリストを祈っているところに、教会は存在します。主の兄弟である使徒たちが祈っているところでは、福音のよい知らせを受けることができます。

（アクイレアの聖クロマシオ（†407）、司教「説教」30・1）

祈り

贖い主を生んだ乙女マリアよ、
永遠の喜びと祝福の源になるように、あなたは選ばれました。
真理と聖霊によって、キリストは我らを救ってくださいました。

一連を唱えます。

使徒たち（使徒言行録1・12–13を聞く）

マリアの左にペトロと髭のないヨハネが、右にはパウロがいます。弟子たちは壇に座っているような感じです。この壇は最後の晩餐に行われた「二階の広間」の象徴です。この「上の部屋」は主の昇天の後に弟子たちが集まっていたところです（使徒1・13）。彼らは神の御言葉の巻物を手にしています（イコンの下の部分の門のような穴に、長老が織物の上に同じ巻物を並べて差し出しています）。こういうわけで、御言葉の巻物と火の炎とは、このイコンの二カ所で描かれています（あるイコンでは巻物の代わりに、御言葉の本が描かれています）。弟子たちのさまざまな姿勢は聖霊降臨が起こした心の急変を物語っています。ヨハネ以外にも、二人の弟子は髭をはやしていません。弟子たちの座り方は居心地がいいということを感じさせます。

朗読

使徒たちはまず、ほかの国々の言葉で話す恵みを受け、そして、すばらしい業を行い始めました。目の見えない人を見えるようにし、耳の聞こえない人を聞こえるようにし、足の不自由な人を歩かせ、病人を癒し、死者をよみがえらせました。それは、人間の力によってではなく、神の力によって行われました。

彼らが、そのような業や、奇跡を行ったのは、人間の持っている能力によってではなく、神の権威を与ったからです。鉄はほかの材料よりも強く、何でも塵に戻します。鍛冶屋がその鉄を加工するのは、自分の力ではなく、火の力によってです。鉄を火の上に持って、焼け付くように熱くなれば、そうなります。同じように、使徒たちは、神の火、すなわち聖霊の火に燃えたので、奇跡を自分の力ではなく、神の権威によって行えました。
（アクイレアの聖クロマシオ（†407）、司教「説教」31・1–2）

祈り

七つの賜物の与え主、
御父の右腕として
約束されたあなたは、
わたしたちの内に語ってください。

わたしたちの五感を照らし、
心に愛を注ぎ、
弱いこのからだを、
いつも強めてください。（聖霊降臨の日の賛歌）

一連を唱えます。

宇宙（ヨハネ20・21−22を聞く）

イコンの下に黒い門のような穴があり、冠をかぶって立っている長老は宇宙（コスモス）を象徴します。上の開口部（円弧の暗いところ）と下の開口部（黒い門）、二つとも大事です。使徒たちの輪が開かれていることも大事なことです。このイコンは教会の始まりを意味します。

朗読

主は神へと生まれ変わらせる権能を弟子たちに与えた際、「あなたがたは行って、すべての民をわたしの弟子にしなさい。彼らに父と子と聖霊の名によって洗礼を授け」なさいと言われました（マタイ28・19）。

神は預言者を通して終わりのときに、僕とはしための上に霊を注ぎ、彼らに預言させると約束しました。それゆえ、聖霊は人の子となった神の子の上にも降りました。それは、霊が彼と共にいることで人類のうちに住み、人々のうちにとどまって憩い、神の形づくったからだとしての人間のうちに住むためでした。聖霊は人間のうちに住んで、その中で父の意志を行い、彼らを古さからキリストの新しさへと新たにするのです。

（聖イレネオ（†202）司教、殉教者「異端反駁」）

祈り

あなたが息を送られると、すべては生き、
地の面は新たになる。（詩編104・30）

神よ、わたしのうちにきよい心を造り、
あなたの息吹でわたしを強め、新たにしてください。
あなたのもとからわたしを退けず、
あなたの聖なる息吹を取り去らないでください。（詩編51・12－13）

一連を唱えます。

栄光の第四の神秘

マリアの被昇天

祝日 8月15日

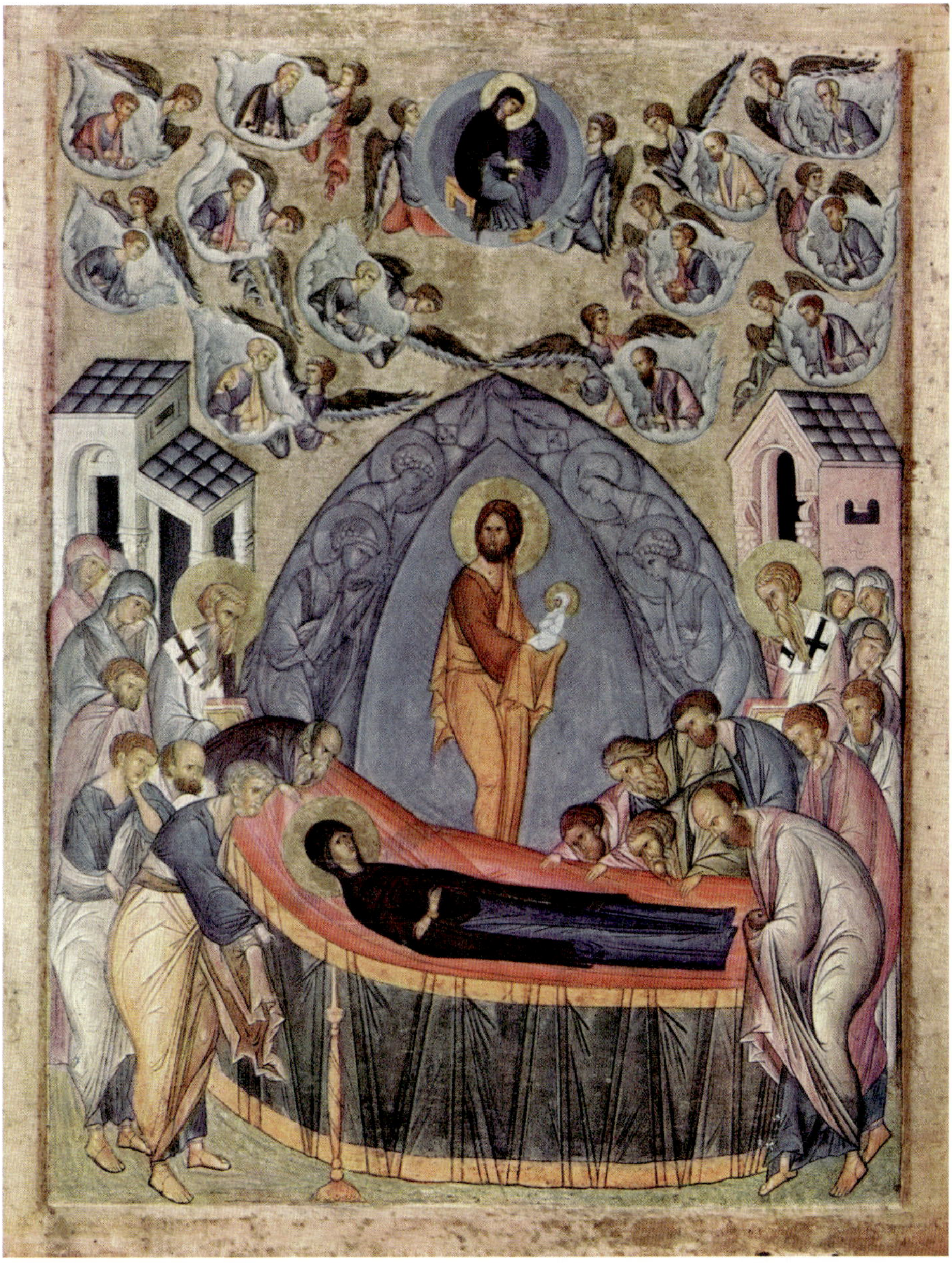

この世から天に上げられる聖マリア　モスクワ派のイコン　16 世紀
113 × 88　トレチャコフ美術館　モスクワ、ロシア

マリアの別離（一コリント15・20−23を聞く）

マリアの死について歴史的な資料は残っていません。いつ、どこで、どういう形で亡くなったのかわかりません。聖書も、それについて、何も触れていません。ただ、ある伝説によると、マリアはエルサレムで自分の人生を終えたということです。

朗読

マリアは息子のところに帰ると強く望んでいて、オリーブ山に行かれました。オリーブ山にいつも祈りに行っていましたが、その日には不思議なことが起こりました。木々は女主人に尊敬を表しているかのように、マリアの前に身をかがめました。祈りが終わって、マリアが自分の家に戻ったとき、家では地震を感じ始めました。灯りを灯して、感謝の祈りをささげてから、マリアは親戚と近所の女たちを呼びました。家に戻り、部屋を掃いて、ベッドを整え、葬式のために必要な物をすべてそろえました。マリアは皆に天使から御自分の被昇天について告げられたことを伝え、勝利のしるしとして受けようとしているナツメヤシの枝を見せました。この知らせを受けた女たちは皆、悲嘆にくれ、口をそろえて涙ながらに言うのでした。「なぜわたしたちを見放して、わたしたちを見捨てられるのですか」。しかし、マリアは彼女たちの悲しみを慰めて言いました。「天に上げられてからあなたたちを、そして全世界を助け守ります」と。そして、今まで援助していた親しい二人の貧しいやもめに御自分の二枚のマントを一人ひとりに渡されるようにと頼みました。

（ヘレン・ホルニ・ユング「マリア、黙想」）

祈り

全能、永遠の神よ、あなたは御ひとり子の母、汚れのない乙女マリアを、
からだも魂も、共に天の栄光に上げられました。
信じる民が、いつも天の国を求め、聖母と共に
永遠の喜びに入ることができますように。

一連を唱えます。

教会の教え（黙示録11・19を聞く）

イコンはマリアの昇天を紹介します。イコンの下の方で、マリアは眠っているかのように、十二人の使徒たちに囲まれています。キリストは彼女を迎えに来て、天に連れて行きます。イコンの上部で、マリアは栄光の中に現れます。

「マリアが神の母となったことは、すべての人にとって恵みとなったように、マリアの被昇天はすべての人の昇天の初穂を意味します」。

この祝いは「神の母の御眠り」と最初は呼ばれていました。東方では7世紀からビザンチウムの皇帝マウリキウス（582-602）の勅令はその祝いを定めました。東方出身の教皇セルジオ一世（687-702）はローマにそれを導入しました。その少し後「眠り」（永遠のいのちに過ぎ越すことを意味する）という言葉は「被昇天」と換えられました。

1950年に教皇ピオ十二世は教義としてこう定めました。「マリアには、他のすべての被造物と同じように復活するには、世の終わりを待つ必要はありません」と。

（ソレムの聖ペトロ修道院「殉教者名簿」）

朗読

永遠から、同じ一つの予定の決定によってイエス・キリストに神秘的に結ばれ、汚れない者として懐胎され、全き乙女のまま神の母となり、罪とその結果に完全に打ち勝った、聖なる贖い主の気高い協力者、神の偉大な母マリアは、最後にその種々の特権の最高の完了として墓の腐敗を免れ、わが子と同様に死に打ち勝って、からだも魂も、天の栄光に上げられるという恵みを受けた。そこでマリアは、永遠で不死の王であるわが子の右にいて、女王として輝くのです。

（ピオ十二世（†１９５８）、教皇　使徒憲章「恵みあふれる神」）

祈り

すべての民よ、信仰をもって、手を打ち鳴らしながら踊りなさい、
愛をもって、集会を開きなさい。
なぜなら、神の母は、天に上げられようとしています。
わたしたちの賛美がマリアを神の母としてたたえますように。

（聖母マリアの死去の日のトロパリオン）

一連を唱えます。

マリアは十二使徒に囲まれた（黙示録12・1を聞く）

マリアは死の床で横になっています。神の母の青い服はその高い霊性を強調します。マリアのからだを囲んでいる赤い色は神性を意味します。ここでは、マリアは神の母（テオトコス）であることを意味します。

棺の左と右にペトロとパウロが見えます。その後ろ、ほかの使徒たち、司教たち、聖女たち。イコンの一番上では天使たちが雲に乗っている使徒たちを神の母の家まで運んでいます（左と右にペトロとパウロを確認できます）。ペトロはマリアの床の側にある燭台を手で指しています。そのロウソクは愛の炎で燃えたマリアの人生の象徴です。マリアは、二つのコロスの間に横になって、教会の中心になり、教会の母になっています。

朗読

コンスタンチノープルの聖ジェルマノは、神の母乙女マリアのからだが腐敗せずに天に上げられたことは、神の母にふさわしいことであるばかりでなく、マリアの乙女としてのからだの特別な聖性にもふさわしいことであると考え、次のように言っています。「聖書に書き記されているとおり、あなたは美しさが身についています（詩編45・14）。乙女であるあなたのからだは、全く貴く、全く清く、全き神の住まいです。だから、あなたのからだはもはや塵に帰ることもありません。それは、人間のからだとして腐敗することのない、最高のいのちで生きるように変えられました。そのからだは生きていて栄光に輝き、完全ないのちにあずかるからだです」。
さらに、別の古代の著作者は次のように書いています。「したがって、マリアはいのちと不死の与え主、わたしたちの救い主であり神であるキリストの栄光に満ちた母として、キリストによっていのちを与えられ、永遠にキリストと一体になって不滅のいのちに生きるようにされました。このキリストは、マリアを墓から立ち上がらせ、キリストのみが知っておられる方法で、御自分のもとに呼びよせられました」。

（ピオ十二世（†１９５８）、教皇　使徒憲章「恵みあふれる神」）

祈り

ああ、神の母よ、母性のうちに処女を保たれました。
御眠りのとき、この世を見捨てられませんでした。
いのちである御母よ、あなたは
御眠りを得て、死からいのちへと移され
わたしたちの魂を死から解放するように
執り成してくださいました。

（東方典礼のアンティフォン）

一連を唱えます。

キリストは御自分の母を迎えに来る（イザヤ61・10を聞く）

イコンの中央にキリストがアーモンドの形の中に立っています。アーモンドは光輝く卵形で、キリストの神性を象徴します。この形は、人間は知覚することができますが、完全に理解することはできないということを象徴します。このイコンで、アーモンドは死の門、そして救いの門（聖母の連祷の中で、いのちの門であるマリアは『契約の櫃』の次に『天の門』と呼ばれています）、二つの世界の境を示しています。

このアーモンドは天使たちの輪の中にあります。上の二人は礼拝する天使で、セラフィムです。他の四人は燭台とそのロウソクを手にしています。

真ん中のキリストは、幼子のようになって、永遠のいのちに生まれた母マリアを抱いて運びます。いのちの母として、初めに救いを得た者として、いのちの門を通るのにふさわしい方です（東方の典礼）。マリアから生まれたキリストは、十字架のもとに立っていたマリアを天の栄光に愛と喜びをもって受け入れます。

「母と息子はふたりとも、神の御計画を成就しました。天と地をつなげました。そのつながりは救い主のオレンジ色の服に象徴されています。オレンジ色とは黄色と赤の結合で、光と物質の結合です。イエスのもう一つの服は栗色で土の色です。４５１年のカルケドン会議は、イエスが復活の後でも人間性を所有していると宣言しました」。

（ヘレン・ホルニ・ユング「マリア、黙想」）

朗読

「最後に、原罪のいかなる汚れにも染まずに守られていた汚れなき乙女は、地上の生活の道程を終えて、肉体と霊魂ともども天の栄光に引き上げられ、そして主から、すべてのものの女王として高められました。それは主たる者の主であり、罪と死の征服者である自分の子に、マリアがよりよく似た者となるためでした」。聖マリアは天に上げられることによって御子の復活に特別なしかたであずかり、他のキリスト者の復活を先取りされました。「ああ、神の御母、あなたは御子を宿されたときには処女性を失わず、最後の眠りのときにはこの世をお見捨てになりませんでした。生ける神をお産みになったあなたはいのちの泉に合流し、その祈りによってわたしたちの霊魂を死から解放されます」（祝日のトロパリオン）。

（『カトリック教会のカテキズム』966）

祈り

女の霊魂を抱いてキリストが天に入るのを見て天使の大群が驚きました。しかし、キリストは母マリアに向かって言いました。「清き方よ、来てあなたの子と一緒にあなたの神の栄光に入るがよい」。汚れなき方の死を見たとき、天使たちは天に上げられた聖母の被昇天を感嘆しました。あなたの内に自然の法則は超えられました、清らかな乙女よ。あなたは乙女のままに出産しました。そしてあなたの死はいのちの門となりました。出産の後にあなたは処女で、死の後に生きているあなたよ、あなたの子どもであるわたしたちを救ってください。

まことにあなたの子、イエスは光の泉として、神の火を納めた方としてあなたを聖所に引き上げました。あなたはマンナとアロンの杖を納めた天幕、

あなたは神に書かれている新しい契約、
あなたは契約の櫃、いのちの言葉のための祭壇。

一連を唱えます。

神の母の栄光（ヨハネ5・24を聞く）

イコンの上の二重の円の中に天使たちの手で上げられているマリアが見えます。マリアは観想、そして執り成しの態度で座っています。マリアの伸べている手は神の愛を受けています。

マリアの被昇天の典礼はマリアの栄光をたたえながら、地上に残っている自分の子供たちへの配慮も表しています。「神の母よ、天に上げられたとき、あなたはこの世を見捨てませんでした」。

朗読

「出産に際して、処女を無傷に守ったマリアのからだが、死後もあらゆる腐敗から守られるのは当然でした。創造主を子どもとして体内に宿したマリアが、神の幕屋に滞在するのは当然でした。御父によって御自分の花嫁に定められたマリアが、天の家に住まうのは当然でした。十字架上のわが子を眺めて、出産のときには免れた悲しみの剣を胸に受けたマリアが、父の右に座すわが子を観照するのは当然でした。神の母が、子がもっておられるものをもち、すべての人から神の母、神のはしためとして敬愛されるのは当然でした」。

（ダマスコの聖ヨハネ、ピオ十二世（†1958）、教皇　使徒憲章「恵みあふれる神」参照）

祈り
諸国の民よ、歌え。神の母に賛美の歌を。
この日、神の母は御自分の胎で
受肉した方の清い手に魂を委ねました。
神の母は絶えず御子に取り次いでいます。
宇宙に大いなる慈しみと平和が
もたらされますように、と。

一連を唱えます。

栄光の第五の神秘

マリア、天で栄光の冠を受ける

中央に、キリストとその母は同じ玉座に座っています。その後ろにある青い色で示されている天には九十の星、そしてマリアの下に月、キリストの下に太陽が描かれています。

マリアとイエスの衣はすばらしく、陰と光のゆらめきも表します。イエスの衣の下にギリシア語のアルファベットの二文字、PとXが読めます。それは、ローマ字のCとRに当たります。それはCristos（キリスト）の最初の二文字に当たります。右と左に九人の天使の二つのグループ。右側の洗礼者ヨハネの前にヤコブ・コロナ枢機卿。左側、聖ペトロの前に教皇ニコラ四世。

乙女マリアとキリストの上は、神とノアの契約を示す虹の色を連想させます。そして、両側には葉っぱの中に、色々な鳥が描かれています。

・クジャク。クジャクは太陽の象徴で、中世から不死のシンボルにもなっています。その尾羽は星に満ちている空を連想させます。絵の両側にもクジャクが描かれています。それは人間のなかで善と悪があることを示し、不死のシンボルにもなっています。「百の目」と言われているこの動物は永遠のいのちを象徴し、顔と顔を合わせて神を見るという将来のわたしたちの姿を意味します。

・ペリカン。ペリカンはキリストのシンボルになっています。この動物は自分の肉と血で自分の子供を養うからです。

・鷲。すべての鳥の王である鷲はキリストの象徴です。祈りもまた、光の方に上がっていく鷲の翼にたとえられます。

マリアとキリストの下に書いてあるのは次のことです。被昇天したマリアは天にいます。そこには星に囲まれている王の王キリストがおられます。神の母は天使たちよりも高く上げられ、天の元后になっています。

マリアの戴冠　ヤコボ・トリティのモザイク　1295年頃　サンタ・マリア・マジョレ聖堂
ローマ、イタリア

冠（黙示録2・10を聞く）

冠のシンボル。
・場所は頭の上です。頭は霊的なものを意味します。
・冠の形は円形で完全、または神性に関係あるものを表します。冠をかぶっている人とその上と下にあるものを結びつけます。
・冠の材料は、その価値を表します。
・冠は権威と光を意味します。

朗読
黙示録では、地上で悪魔に抵抗して勝利を収めた人々に、冠が与えられています。「死に至るまで忠実であれ。そうすれば、あなたに命の冠を授けよう」（黙示録2・10）。
黙示録に登場するマリアと思われる女（黙示録12・1）が冠をかぶっているのは、悪魔に勝ったからです。その冠は十二の星で構成され、イスラエルの十二部族を連想させます。なぜなら、その勝利は全教会の勝利だからです。
黙示録のその女は産みの苦しみを味わう時に、冠をかぶります。この驚くべき矛盾は、キリストの母は、特別に、前もって悪の力に打ち勝ったキリストの勝利に、受難と復活の前にもあらかじめ与かることを強調します。
（アンドレ・フェイェ「イエスとその母」）

祈り
御言葉が書き記された巻物である
神の御母よ、
いのちの書にわたしたちの名が書き記されますように、
あなたの戴冠を祝うわたしたちのために祈ってください。

一連を唱えます。

新約における冠（二テモテ4・8を聞く）

冠は勝利者を治めた人の報いです。
・命の冠（ヤコブ1・12、黙示録2・10）。
・栄光の冠（一ペトロ5・4）。
・正義の冠（二テモテ4・8）。
・朽ちない冠（一コリント9・25）。
・光栄を与える冠（フィリピ4・1、一テサ2・19）。

朗読
神の母、全世界の尊い宝、消えることのない灯、
乙女たちの冠、正しい教えの杖、壊されることのない神殿、
いかなる場所にも閉じ込められることのない方がおられる場、
母であり、乙女であるマリアをたたえます。
あなたを通して主の名によって来られる方は、福音において、祝福された方と言われています。
無限にして、はかり知れぬ方を、聖なる乙女の胎に宿されたあなたを、わたしたちはたたえます。

あなたを通して聖三位が尊ばれ、
あなたを通して十字架はほめたたえられ、全世界で礼拝されています。
あなたを通して天は歓喜し、
あなたを通して天使と大天使たちは喜び楽しみます。
あなたを通して悪魔たちが追い払われ、
あなたを通して誘惑者なる悪魔は天から落ちました。
堕落した被造物は、あなたを通して天に上げられ、
偶像崇拝の狂気に落ち込んだ全世界は、あなたを通して真理を認めるにいたりました。
あなたを通して信じる者に聖なる洗礼が与えられ、あなたを通して喜びの油が与えられます。
あなたを通して全世界に教会が建てられ、あなたを通して諸国民が悔い改めに導かれました。
（「エフェソ公会議におけるアレキサンドリアの聖チリロの説教」４３１）

祈り
すべての者よ、今日、集い、踊り、
心を晴れやかに、喜びましょう。
なぜなら、歌や賛歌で我らがたたえる神の母は、
今日、冠を受けます。

一連を唱えます。

冠をかぶっているイエス（ヘブライ2・7－9を聞く）

イエスの最初の冠は茨の冠です（ヨハネ19・2）。

その後、そして、茨の冠を耐え忍んだので、「栄光と栄誉の冠を」授かります（ヘブライ2・7－9）。

終わりの時、最後の審判の前に、人の子であるキリストは金の冠をかぶって現れます（黙示録14・14）。

黙示録の二十四の長老たちも、冠を持って、小羊の玉座の前に自分の冠（すなわち自分のよい行い）を預けます（黙示録4・4、10）。

朗読

エルサレムの娘たちよ、女王を伴って行列を作って、彼女についてくる乙女として、一緒に花婿を迎え、主の右にまで彼女を導いてください。

すべてを治める主よ、降りて、あなたを養ったあなたの母に受けるべき報いを与えてください。

十字架上で御自分の霊を御父の御手にゆだねたキリストよ、今、手を広げて、あなたの母の魂を受け入れてください。

マリアに向かって、こう呼びかけるがよい。

「恋人よ、美しいひとよ。さあ、立って出ておいで」。処女らしいあなたの美しさは太陽よりも輝きます。わたしのものをわたしと一緒に味わうがよい。

（ダマスコの聖ヨハネ（†７４９）、司祭「被昇天の説教」）

祈り

生ける神の母よ、我らはあなたを賛美します。
あなたの光輝く恵みで我らを覆い、
キリストに信頼するあなたの民に平和を与え、
あなたをたたえる者のために赦しと救いを獲得してください。

一連を唱えます。

冠を受けるマリア（黙示録12・1を聞く）

マリア（教会）は太陽を身にまとい現れます。太陽を身にまとうことは神の栄光に包まれることを意味します。「その頭には十二の星の冠をかぶって」います（黙示録12・1）。

マリアは天の世界に属しています。星の冠をかぶっていることは、マリアは宇宙の女王であることを示し、「月を足の下にする」ことは、時間の頂上に立ち、来世に属することを意味しています。

贖われた者の初穂であるマリアは復活する教会の象徴、御国（黄道十二宮）に向かって歩む教会の先頭です。被造物は皆、マリアの方に引きつけられています。御母は創られたものすべての中心になります。偉大で、天と地すべてを満たし、すべてを抱きます。

マリアの冠にある十二の星とは、イスラエルの十二部族の名が刻まれる十二の門で、十二の土台は十二の使徒たちを表しています（黙示録21・12–14）。そうすると、星の冠をかぶっているマリアは勝利を収めた教会を示します。太陽を身にまとい、頭には十二の星をかぶっている乙女マリアは、父の国で太陽のように輝く信徒の未来の栄光を予示します。

朗読

イエスの母は、天上において肉体と霊魂ともども、すでに栄光の中にある者として、来世において完成されるべき教会の姿であり、始まりです。同じように、地上においては、主の日が来るまで（二ペトロ3・10）旅する神の民にとって、確かな希望と慰めのしるしとして輝いています。

（第二バチカン公会議「教会憲章」68　異邦人の光）

祈り

神の御母よ、
わたしたちはあなたをたたえ、
賛美し、
栄光あるあなたの戴冠をほめ歌います。

一連を唱えます。

わたしたちの冠（一コリント9・24－27を聞く）

勝利を収めた選手が冠（現代、冠の代わりにメダルをもらいますが）を得るように、わたしたちには朽ちない冠が約束されています。

東方教会の伝統で、洗礼を受けたばかりの人や、奉献されたおとめや、結婚式の時の新郎と新婦は冠をかぶっています。そのすべての場合において、冠はキリストと信徒の間の一致を表し、キリストと教会の婚礼も意味しています。

朗読

御自分の母と弟子たちにイエスが言っている言葉を注意して聞くようにお願いします。「ここにわたしの母、わたしの兄弟がいる」、その後に「だれでも、わたしの天の父の御心を行う人が、わたしの兄弟、姉妹、また母である」（マタイ12・49、50）と言っています。

乙女マリアは御父の御心を行わなかったでしょうか。そうではありません。マリアは信仰によって信じ、信仰によって身ごもったでしょう。わたしたちのために救いがマリアから生まれるようにマリアは選ばれたでしょう。キリストがマリアの胎内で生まれる前から、マリアはキリストの内に造られたでしょう。確かに、マリアは御父の御心を行いました。そのために、マリアにとって、キリストの母であるよりも、キリストの弟子であることの方が大切で、有益でした。マリアが祝福されているのは、師を生む前に、胎内に納めたからです。

（聖アウグスティヌス（†430）、司教、教会博士「マタイ福音書についての説教」）

祈り

神の御母よ、わたしたちを見捨てないでください。

信仰をもってあなたをほめ歌う贖われた者を見守ってください。

創り主をたたえ、世々限りなくほめ歌いましょう。

一連を唱えます。

原著者あとがき

毎週土曜日の夕方、家庭集会のロザリオの祈りに誘われて、わたしは参加者の熱意に感心しました。そして彼らに神秘ごとに、その神秘を描いているイコンや絵の前で祈ることを勧めました。参加者にとって、信仰の神秘の理解に入るために、とても新鮮な機会になりました。言葉を使わなくても、彼らはある種のレクシオ・ディヴィナ（lectio divina）を体験できた気がします。それは教会の中で神の御言葉を深く味わうためのとても古い読み方です。

中世、大聖堂のステンドグラスは字が読めない人の聖書と呼ばれていました。現在、同じようにイコンは真理を探し求める人にとって、入りやすい入り口ではないでしょうか。イコンや画像の美の前に観想し、祈りながら、御国の待合室にいるかのようです。わたしたちがやるべきことは、「すべてのところで、美の開花の場所を増やすことです。そうすれば人生は永遠のものになるでしょう」（モリス・ズンデル）。

ジョマル・ヴィグネロン

訳者あとがき

この本を書いたのは、ブラジルにいるMOPPの兄弟、ジョマルです。ブラジル人はよくロザリオの祈りをします。自分の住んでいる地域で、近所の人を何人か自分の家に招き、ロザリオの祈りをします。

ロザリオについては今までたくさんの本が出版されましたが、この本の特徴は、「イコンを見てロザリオの祈りを唱える」という祈り方にあります。かつて聖ヨハネ・パウロ二世は「クリスチャンは両方の肺で、すなわち東方の教会の伝統とローマの教会の伝統で呼吸する」ということを勧めました。ジョマルはこの本を通して東方の伝統を伝えてくれます。そして、わたしたちにロザリオの新しい祈り方を勧めます。

一般的な祈り方は、一つの神秘（喜びの神秘など）の中に五つの神秘があって、各神秘ごとに一連を唱えるというものですが、この本を使った新しい祈り方は、「一つの神秘だけを黙想して祈る」というやり方です。たとえば、ある時は、喜びの神秘の第一の神秘「お告げ」だけを黙想します。お告げの神秘について、五つの黙想が勧められており、黙想の後に一連を唱えます。

祈り方はほかにもあります。一年の間に、典礼に合わせて一つの神秘を黙想するのです。

たとえば、クリスマスの前にお告げのイコンをもって、黙想する。四旬節の時、苦しみの神秘を黙想する。カナの婚宴の日曜日には、その神秘を黙想する……そうすれば、典礼の大きな祝いの前に、心の準備ができます。

イコンの中に、珍しい絵が一つあります。「主の奉献」です。この絵を作ったブラジル人のクラウディオ・パストロはブラジルではとても有名です。芸術者を通して、国を超えて、信仰を分かち合うことはできます。

最後に、この本を出版するにあたり、協力してくれた方々にお礼を申しあげたい。特に日本語を整えて、いろいろな助言をしてくれた奈須瑛子さんと小林尚子さん、それにお手伝いをしてくれた田嶋文さん、重野則子さん、山下理奈さん、お一人おひとりに心より厚く御礼申しあげます。

二〇一六年一二月

レミ・オード

参考文献

『聖書』（新共同訳）日本聖書協会、一九九八年
『聖書』（バルバロ・デルコル訳）ドン・ボスコ社、一九六四年（初版）
『毎日の読書』（「教会の祈り」読書　第二朗読）全九巻、カトリック中央協議会、一九八九―一九九一年
『カトリック教会のカテキズム』カトリック中央協議会、二〇〇二年
『おとめマリアのロザリオ』教皇ヨハネ・パウロ二世の使徒的書簡、カトリック中央協議会、二〇〇三年
『教会の祈り』カトリック中央協議会、一九八一年（第五版）

原著者紹介

Jomar Vigneron（ジョマル・ヴィグネロン）

フランスの西部に生まれ、1968年に聖ペトロ・パウロ労働宣教会に入会、1971年にブラジルに派遣される。

スイス、そしてブラジルのサルバドル（バイア）とサンパウロ付近のオザスコでフライス盤工として働き、労働者の間の宣教師をつとめる。

現在、パラナ州で「主の奉献」修道院のチャプレンを務めながら、クリティバの郊外にある宣教師の共同体にも参加。

聖ペトロ・パウロ労働宣教会（M.O.P.P）

1950年頃、フランスの労働者を対象にした宣教を目的とするところから生まれ、近代的な大都会の中で、労働者の中に入り、御言葉を伝える修道会。

訳者紹介

Rémi Aude（レミ・オード）

フランスのシャンパーニュ地方に生まれる。
1970年に聖ペトロ・パウロ労働宣教会に入会、
1973年、フランス南部に派遣される。
1980年、エルサレムで勉強。
1983年に日本に派遣され、埼玉県で労働者の間の宣教師を務める。
2007年、司祭叙階。

〈本書に関する問い合わせ先〉
〒359-0021
埼玉県所沢市東所沢2-38-12　コーポ武蔵野201
聖ペトロ・パウロ労働宣教会
E-mail：remitokorozawa@gmail.com
電話：04（2946）1269

ロザリオ　信仰の花束

発行日………2017年1月16日 初版
　　　　　　2018年7月11日 2刷

訳　者………レミ・オード
発行者………阿部川直樹
発行所………有限会社 教友社
275-0017 千葉県習志野市藤崎6-15-14
TEL047 (403) 4818　FAX047 (403) 4819
URL http://www.kyoyusha.com
印刷所………株式会社シナノパブリッシングプレス

ISBN978-4-907991-31-9　C3016

落丁・乱丁はお取り替えします